부모님에 대한 감사

부모님에 대한 감사

성규탁 지음

부록 : 선생님에 대한 감사

Thanking Parents for
their Kindness and Support

Kyu-taik Sung

인사말

동아시아 문화와 서양문화에서 다 같이 은혜에 대한 감사는 덕스러운 행동으로 받들어지고 있습니다. 종교적 가르침에서 그 덕스러움을 더욱 잘 깨달을 수 있습니다.

기독교에서는 부모님을 존경하며 감사함은 종교적 윤리에 뿌리를 두고 있습니다. 부모님에 대한 감사는 하나님에 대한 감사로 연계되어 높여집니다. 부모님은 하나님의 영상을 대신하시니 이분들을 감사하며 부양해야 한다고 교시하고 있습니다.

불교에서도 사람이 지켜야 할 매우 중요한 원칙으로서 부모 은혜에 감사하며 보은함을 들고 있습니다. 불교의 실천윤리는 은혜로 시작하며 은혜로 끝납니다. 부처님의 은혜를 깨닫고 이어 부모 은혜에 보답하는 것입니다.

IT 기술문화가 퍼져 있는 새 시대에도 위와 같은 문화적 및 종교적 가르침은 우리의 일상생활에 커다란 영향을 미치고 있습니다.

부모님이 베푸신 은혜에 감사함은 이러한 고귀한 가르침을 따른 관행일 뿐 아니라 우리 겨레가 오랜 역사를 통해 지켜 온 예이며 효의 실행입니다.

여러 해에 걸쳐 수다한 효에 관한 책을 펴낸 저자 성규탁 박사는 효의 근본적 표현이 되는 부모님에 대한 감사와 보은이 한국 문화적 맥락에서 실행되는 실황을 이 책에서 경험적 자료를 바탕으로 알기 쉽게 엮어 놓았습니다.

이 책에 다음과 같은 자녀 가슴에 와 닿는 인용구가 제시되어 있습니다.

> "아버님의 사랑은 태산보다 높고 어머님의 사랑은 바다보다 깊다."

> "부모님이 살아 계실 때 공경할지어다. 이분들이 앉아계셨던 의자가 비어 있는 것을 보고 뒤늦게 그분들에게 하지 못한 것을 뉘우치게 되느니라."

부모님을 모시는 자녀들과 고령자를 돌보는 분들이 다 같이 참고할 수 있는 보기 드문 주제를 다룬 책입니다. 우리 모두 부모님에게 감사하는 사람이 됩시다.

2023년 9월

김제엽
연세대 언더우드 특훈교수 역임
연세대 사회과학대학장 역임
인세대 사회복지대학원장 역임

머리말

부모님이 베푸신 은혜에 감사함은 한국인이 오랜 역사를 통해 지켜 온 예이며 효의 실행이다.

우리는 은혜를 받으면 이를 기억하여 보답하려는 마음을 품고 보답하는 계기를 마련해서 보답하는 행동을 흔히 한다.

감사가 연결고리가 되어 은혜를 베푼 분과 이를 받은 분을 결합해서 도움, 돌봄 및 혜택을 주고받는 친사회적 기능을 하게 된다. 즉 은혜를 베푼 분과 은혜를 받은 분이 호혜적 행동을 하여 사회적 화합과 안정을 이룩하는 것이다.

이처럼 받은 은혜에 감사함은 사회적 복리를 증진하여 공동사회의 선(善)을 북돋우는 덕스러운 행동이 된다.

여러 가지 은혜가 있지만, 근본적인 은혜는 부모님 은혜이다. 부모 은혜에 대한 감사와 보답은 동양과 서양의 문화에서 인간의 도덕적 행위의 주요 부분을 이루고 있으며 모든 종교는 이 행위를 실행할 의무를 가르치고 있다.

이 책에서 부모 은혜에 대한 감사의 도덕적 및 사회적 의의를 한국 문화적 맥락에서 논의하며 부모님이 베푸시는 고귀한 은혜를 되새기고 자녀가 이 은혜에 보답하는 실상을 실제 사례와 사회조사에서 나온 경험적 자료를 바탕으로 밝혀 본다.

한국, 일본, 중국 및 미국 사람들이 흔히 부모 은혜에 감사하며 보답하고자 하는 언어적 표현인 인용구를 선별하여 덧붙였다.

아울러 부모님과 사회로부터 받은 은혜에 감사하는 새 세대의 성향을 가정에서의 사회화와 학교에서의 교육을 통해서 길러낼 수 있음을 논의하였다.

성규탁

목 차

제1장

감사의 뜻

1
감사: 감정과 행동

감사는 도움이 되는 것을 받을 때 고맙게 여기는 것이다. 남으로부터 돌봄, 후한 대우 또는 선물을 받을 때 기쁘고 즐거워하는 마음이다.

그런데 감사에는 흔히 행동이 뒤따른다. 우리는 은혜를 받으면 이를 기억하고 보답하려는 마음을 품고서 보답하는 계기를 마련하여 이어 보답을 하게 된다. 즉 은혜를 베푼 분의 복리에 이바지하는 어떤 착한 행동을 하는 것이다. 그래서 감사는 덕스러움, 즉 다른 사람을 이해하고 공경하며 받아들이는 너그러운 감정이며 행동이 된다고 본다.

감사함으로써 받은 은혜를 내가 간직할 뿐만 아니라 남에게 이로운 행동을 하게 되어 서로 주고받는 호혜적 인간관계가 이루어지게 된다.

그런데 사람에 따라서는 감사하는 것을 별로 달갑게 여기지 않는 경우가 있다. 도와준 사람에게 빚을 지는 것을 꺼리거나 받은 도움을 대수롭지 않게 여기는 것이다. 그래서 그 사람에게 단순히 고개를 끄덕이거나 악수만 하고서는 끝내버린다.

하지만 감사는 그 뜻이 착하고 남을 이롭게 하는 마음이어서 이런 방식보다도 더 예의 바르게 표현될 수 있다.

가령 누군가가 나에게 커피를 한 잔 대접하였다면, 나는 그 커피만을 받은 것이 아니라 그분으로부터 은혜를 받게 된다. 즉 받은 물건만이 아니라 그 물건을 베푼 분의 온정(따뜻한 마음), 선의(착한 뜻) 및 덕행(덕스러운 행동)- 은혜- 을 받게 되는 것이다.

하물며 부모님이 자녀에게 오랜 세월 동안 대가를 바람 없이 측은지심으로 베푸신 온정, 선의 및 덕행은 글과 말로 다 표현할 수 없이 크고, 깊고, 높은 은혜라고 하지 않을 수 없다.

내가 받은 은혜에 감사할 때는 그러한 온정, 선의 및 덕행에 버금가는 반응을 베푼 분에게 표하는 것이 마땅한 도리가 될 것으로 본다.

은혜는 부모가 자녀에게 베푸는 것을 비롯하여 선생이 제자에게 베푸는 것, 친구와 이웃이 우정으로 베푸는 것, 처지가 나은 사람이 처지가 어려운 사람에게 베푸는 것, 윗사람이 아랫사람에게 베푸는 것일 수 있다. 그리고 나라와 사회공동체가 베푸는 돌봄과 원조도 공적 또는 사회적 은혜라고 볼 수 있다.

이러한 은혜에 감사함은 성숙하고 교양 있는 사람이 해야 할 올바른 짓일 뿐 아니라 은혜를 베푼 분에 대한 예의를 지키는 덕스러운 행동이 되고 그분과 바람직한 인간관계를 이루어 사회생활의 질을 높일 수 있다. 게다가 감사하는 사람은 자기 스스로 행복감을 가지며 그의 일상생활과 사회관계에 만족하는 성품을 가지는 성향이 있다(Cregg, 2020; Rice, 1984).

그래서 감사는 문명화된 사회의 시민이 마땅히 지켜야 할 고귀한 가치라고 본다.

2
은혜에 대한 감사

1) 도덕적 의무

은혜에 대한 감사는 덕스러운 행동으로 받들어지고 있다. 사실 감사는 동양과 서양의 문화에서 인간의 도덕적 행위의 주요 부분을 이루고 있다.

다시 말해서 은혜를 받은 사람은 이를 기억하고 보답하려는 마음을 품게 되며 이어 보답할 기회를 마련하여 보답하는 행동을 하는 바람직한 결과를 흔히 이룩하게 된다.

즉 은혜는 베푼 분에게 마음으로 느끼는 감정이긴 하지만 이처럼 그분에게 보답하는 행동적인 면이 있다. 베푼 분의 복리에 이바지하는 행동을 하는 것이다. 그래서 감사는 주고받는 친사회적 결과를 유발하게 된다.

저명한 심리학자들은 이러한 사실을 받들어 감사는 은혜를 갚는 행동을 유발하며 베푼 사람의 복리에 이바지함을 밝히고 있다(Emmons와 McCullough, 2004; Ryan, 1999).

바꾸어 말하면 감사하는 감정은 은혜를 베푼 사람의 이득 (복리)을 북돋우는 행동을 유발하는 힘이 된다는 것이다.

그래서 감사는 인간 생활에서 없어서는 아니 될 덕의 표현이라고 정의한다. 즉 공정하며 남을 넓게 이해하고 받아들이는 너그럽게 베푸는 마음과 행동이라는 것이다.

일찍이 로마의 철학자 키케로(M. Cicero)는 감사함은 사람의 가장 훌륭한 덕의 표현이라고 역설하였다(Emmons & McCullough, 2004: Ch. 7). 이어 현대 독일의 철학자 짐멜 (G. Simmel)은 감사는 '인간의 도덕적인 기억' (Moralische Gedachinis; Moral Memory)으로서 다음과 같은 바람직한 속성을 지녔음을 밝혔다(Simmel, 1950).

즉 사람은 은혜를 베푼 사람의 복리가 되도록 이를 갚게 된다. 감사가 연결고리가 되어 베푼 사람과 받는 사람을 연결해서 도움·돌봄을 교환하여 바람직한 사회관계를 이룩하도록 한다. 감사는 심리적 느낌으로 시작되지만, 이처럼 사람 대 사람의 사회적 교환을 하는 행동으로 발전된다. 서로 돌보는 호혜적 의무를 유발하여 인간관계를 원만하게 유지, 결속시키는 접착제 역할을 하는 것이다.

저명한 미국 사회학자 굴드너(A. Gouldner)도 역시 받은 돌봄과 서비스에 대한 감사는 서로 돌보는 의무를 수행토록 이끄는 힘이 되며 사회를 안정시키는 접착제 역할을 한다고 했다(Gouldner, 1960: 162).

위와 같은 감사에 대한 일련의 긍정적인 시각을 뒷받침하여 유명한 경제학자이며 철학자인 애덤 스미스(Adam Smith)는 감사는 올바르고 착하여 도덕적 기준에 맞는 사회적 선(善)을 북돋우는 덕을 발현하는 가치로서 건전한 사회기능을 이룩하는 데 절대적으로 필요하다고 역설하였다(Smith, 1976).

한국이 속하는 동아시아의 유교문화권에서도 전통적으로 은혜에 대한 감사는 덕스럽고 선한 행동으로 받들어지고 있다. 유교 사상은 IT 기술문화가 퍼져 있는 새 시대에도 동아시아 사람들의 이러한 도덕적 행동에 상당한 영향을 미치고 있다. 특히 부모가 자녀에게 베푸는 은혜에 감사하며 보은하는 문화적 관습을 중시하는 데서 그러하다.

한국 성인의 대다수는 부모님에게 효를 하지 못한다고 자인하고 있다(한국갤럽, 2011.1.31.).

사실 한국 부모는 자녀를 위해 덕스러운 돌봄을 베푸는 데 다른 문화 사람들보다 앞서 있다.

2) 종교의 가르침

덕스러운 행동으로서의 감사는 종교적 가르침에서 그 가치를 더욱 잘 깨달을 수 있다. 사실 부모님을 존중하며 감사하는 의무는 종교적 기본으로 되어있다.

불교에서는 사람이 지켜야 할 매우 중요한 원칙으로서

부모 은혜에 감사하며 보은함을 들고 있다(미치하타, 1994: 79-82; Xing, 2016).

불교의 실천윤리는 은혜로 시작하며 은혜로 끝난다. 부처님의 은혜를 깨닫고 이어 부모 은혜에 보답하는 것이다. 불교는 선인(착한 사람)은 은혜를 갚아야 한다고 역설한다. 은혜를 모르는 자는 사람이 아니라 축생(짐승, 동물) 이하라고 한다. 축생도 은혜를 알고 보은하기 때문이다(권경임, 2009; 미치하타, 1994: 81). 예로 까치와 두꺼비와 같은 동물도 사람에게 은혜를 갚았다는 전기와 속담이 있다.

다음 장에서 논하는 불교의 **부모은중경**(父母恩重經)은 비모(悲母 자식을 애처롭게 여기는 어머니)의 자식에 대한 자애(慈愛 인자하게 여기는 사랑)를 밝히는 데 중점을 두고 있다. 이 자애에 대한 반사작용이 곧 보은이다. 부모 은혜에 대한 보은은 부모의 자애가 그대로 자식에게 통하여 효도하는 행위로 자연적으로 나타나게 되는 것이다(미치하타, 1994: 82).

기독교에서도 부모를 존경하며 감사함은 종교적 윤리에 뿌리를 두고 있다. 부모에 대한 감사는 하나님에 대한 감사로 연계되어 높여진다. 부모는 하나님의 귀하신 영상을 대신하니 이분들을 즐겁게 하고 부양해야 한다고 교시하고 있다. 성서에는 십계명(출애굽기 20: 12: "네 부모를 공경하라

그리하면 너의 하나님 나 여호와가 네게 준 땅에서 네 생명이 길리라")을 비롯하여 여러 장에서 감사할 의무가 거듭 강조되고 있다. "우리가 너희 무리로 인하여 항상 하나님께 감사하고 기도할 때 너희를 말함이다"(데살로니가전서 1:2)라는 말씀이 있다. 하나님이 베푸신 막중한 사랑(은혜)에 대한 감사를 의무적으로 실행해야 함을 가르친 말씀이다. 부모님에게 감사함은 곧 하나님에 대한 감사로 승화함을 밝혀 준다.

유대교의 히브리 성서는 감사의 말로 차 있다. 감사는 인간이 선한 마음으로 하는 덕스러운 행동임을 교시한다. 선한 마음만이 아니라 행동으로 실행할 것을 강조한다.

이슬람교에서는 부모 은혜에 대한 보답을 매우 엄격하게 가르치고 있다. 코란은 이러한 가르침의 기본을 *ihsan*에 밝혀 놓았다. 친절, 애정, 자선, 존경, 올바른 행동을 실현하는 데 대한 가르침이다. 코란에서 7번에 걸쳐 부모는, 비록 노망을 하여도, 자녀는 그들이 받은 돌봄과 사랑을 깨닫고 이분들에게 존경하며 돌보아 드려야 한다고 엄중히 지시하고 있다(Hammudah Abdalati, 1990). 매일 5회 이러한 가르침을 내린 신을 예배한다.

위의 종교적 가르침은 다 같이 자녀는 받은 은혜에 감사하며 부모에 대한 보은의 의무를 수행해야 함을 엄하게 교시하고 있다.

3) 감사의 성(聖)스러움

부모 은혜에 대한 감사를 중요시하는 데는 문화적 경계와 종교적 차이가 없음이 분명하다.

기독교 윤리학의 대가 아퀴나스(T. Aquinas)는 자녀가 부모로부터 받은 은혜는 법적인 빚(받은 액수를 돌려 갚으면 되는 빚)이 아니라 그 빚은 '도덕적' 빚이라고 했다 (Aquinas, 1981). 즉 자녀가 인간적 양심에 따라 마땅히 지키고 실행해야 하는 덕스러운 행동이라는 것이다.

부모님 은혜에 대한 감사는 그분들이 개인적 이익을 바라지 않고 오직 자녀의 안녕을 위해 조건 없이 이타적으로 베풀어 주신 은덕에 대한 것이다. 이런 점에서 부모님이 베푸신 돌봄은 인간 생활에서 가장 고귀하다고 보는 것이다.

우리가 어떤 행위를 한다 해도 부모 은혜에 대한 보답은 다 할 수가 없다. 그 넓고, 깊고, 높고, 한이 없고, 조건을 붙이지 않고 제공해 주신 사랑과 도움을 자녀는 어떤 방법으로도 모방할 수가 없기 때문이다. 아마도 부모 은혜를 갚기가 그렇게도 어렵다는 점을 가장 의미심장하고 애절하게 지적한 말은 불교 경전에 담겨있는 다음과 같은 구절일 것이다.

"가령 어떤 사람이 그의 왼쪽 어깨에 아버지를 메고 오른쪽 어깨에 어머니를 메고서 살갗이 닳아 뼈에 이르고 뼈가 패어 골수에 이르도록 수미산을 백천 번 돌더라도 부모의 깊은 은혜를 아직 능히 갚지 못하느니라" (부모은중경, 2부 정종분, 3장 광설업난, 147~148).

고귀하고 막중한 부모님 은혜를 갚는 첫 번째 행동이 곧 이분들에게 감사하는 것이다. 독일의 윤리철학자 칸트(I. Kant)는 감사에 대해서 다음과 같이 말했다.

"감사는 우리에게 친절을 베푼 사람을 존경하고 받드는 뜻이 내포되어 있다(Kant, 1964)."

이러한 뜻을 영국의 저명한 윤리학자 블랙스톤(W. Blackstone)은 부모·자녀 관계와 연관해서 다음과 같이 말했다.

"부모에 대한 자녀의 의무는 자연적인 정의(情誼)와 보은(報恩)의 원칙에서 생기는 것이다. 우리를 이 세상에 출생한 부모에게 어려서는 당연히 순종해야 하고 자라서는 받들고 존경해야 한다. 우리를 양육하고 교육하고 성장시켜준 부모가 노쇠해서 도움이 필요하면 우리로부터 당연히 도움을 받아야 한다(Blackstone, 1956)."

위의 말은 은혜를 베푼 부모에게 감사하고 이분들을 돌볼 의무를 수행하는 데 관한 것이다. 부모님에 대한 감사는 그분들의 은혜에 대한 대가를 치르는 것으로 생각해서는 안 된다. 자녀의 감사는 부모가 베풀어 준 그 특수한 은혜에 대해 다만 반응하는 데 불과한 것이다. 그 은혜는 어떤 짓을 해도 갚을 수가 없는 것이다.

칸트는 자녀가 부모로부터 받은 은혜에 감사할 의무는 영원하고(ewig) 성(聖)스러운(heilige) 의무라고 했다. 그는 다음과 같이 덧붙였다.

"감사는 성스러운 의무라고 생각해야 한다. 그 의무는 언제나 의무로 남아 있을 때 신성(神聖)하다. 받은 친절을 모두 갚는다고 해도 그 의무에서 벗어날 수 없다."

명심보감(효자 편)에는 그 의무를 수행하기가 그렇게도 어려움을 시사하는 다음과 같은 말이 있다.

"아버지 어머니 나를 낳으시고 애쓰시고 수고하셨도다. 그 은덕을 갚고자 하는데 그 은혜가 하늘같이 다함이 없어 갚을 바를 알지 못하도다."

위의 동서양 명언은 부모가 자녀에게 베푼 은혜가 매우 특수하고 고귀함을 강조하고 아울러 막중한 부모 은혜를 갚기 위해서는 큰 노력이 필요함을 알려 주는 교훈이다.

4) 예의 실행

받은 은혜에 대한 감사는 동아시아 문화에서 중시하는 예(禮)의 표현이다.

우리 문화에서 중시하는 예의 이념적 바탕은 인(仁: 넓은 사랑, 인간애, 인간존중)이다. 예는 인을 실행하는 한 가지 방법이다. 존경하며 사랑하는 마음을 품고 이를 행동으로 실천하는 것이 곧 인의 실행, 행인(行仁)이다. 내가 속한 가족, 집단 및 공동체 성원들이 나에게 베푸는 온정, 선의 및 덕행에 겸손하고 예의 바르게 감사하며 보은하는 것이다.

예는 사람들이 서로 교환하는 데 도덕성과 질서를 유지하기 위해 정해진 규약으로서 사회관계가 올바르고 바람직하게 이루어지도록 하는 힘이 된다.

예에는 다른 사람을 존중하는 뜻이 담겨있다. 남을 존중하는 데는 그 사람에 대해 겸손하고, 베풀어 준 도움에 감사하고, 그의 안녕을 위해 돌보아 주고자 하는 온정이 깃들어 있다.

〈은혜에 대한 감사: 예의 표현〉

우리 속담에 '필요할 때 받은 한 방울의 물은 못물로 불려 갚아 줄지어다'란 말이 있다.

남이 선의(착한 마음)로 나에게 베풀어 준 은혜는 이보다 더 큰 은혜로 불려서 그분에게 되돌려 주어야 한다는 전통적인 예를 나타내는 말이다.

부모 은혜에 대해서도 이처럼 그 은덕을 불려 보답함으로써 예를 지켜야 할 것으로 본다.

사실 부모님이 베푸신 은혜에 감사함은 한국인이 오랜 역사를 통해 지켜 온 예의 실행이다. 새 기술이 나와 생활 관습이 달라진 새 시대에도 이 문화적 관습은 가시지 않고 있다.

한국인의 다수는 '나는 예를 바르게 지키는 사람이다'라고 자부하고 있다(조선일보, 2020.7.18).

우리는 대인관계나 사회관계를 겸손하고 원만하게 이룩해 나가며 내가 대하는 분이 가족, 이웃 및 사회공동체에 이바지한 바와 나에게 베풀어 준 은혜에 감사하며 존경해 드리는 관습을 지키고 있다.

동아시아 전체가 산업화·도시화 되어 가족 및 사회 구조가 변하였지만, 은혜에 감사하는 예를 지키는 전통은 여전히 존속하며 우리의 사고방식과 행동 양식에 스며들어 있다.

예를 들어 학생이 선생님에게 가르침에 감사하며 겸손하게 이 분의 지시를 따르고, 승강기에서 먼저 들어가고 내리도록 하고, 바쁠 때 도와드리는 행위는 이분으로부터 받은 은혜에 감사하며 예를 표하는 행동으로 볼 수 있다.

이처럼 예를 행함은 은혜를 베풀어 준 분에게 감사하며 그분이 어려운 일이 있으면 딱하게 여기고 도와주는 행동을 함을 의미한다.

〈예와 상호존중〉

예는 인간관계에서 이루어진다.

이런 관계에서 어른과 젊은 사람이 서로 존중해야 하는 데 대한 다음과 같은 맹자(孟子)의 말이 있다. 맹자는 유교의 시조인 공자(孔子)의 가르침을 이어받은 대유학자이다.

[주: 요즘 우리나라의 많은 사람, 특히 젊은 사람들이 '존경' 대신 '존중' 이란 말을 사용하고 있다. 상대하는 사람의 말과 행동을 중요시하며 받든다는 뜻이 담겨있는 말이다. 이 책에서는 존중을 흔히 사용한다.]

"아랫사람이 윗사람을 존중하는 것은 귀귀(貴貴)이고 윗사람이 아랫사람을 존중하는 것은 존현(尊賢)이다."

이 두 가지의 존중은 그 중요성이 다 같다고 했다(孟子 萬章 章句 下 3). 세대 간의 호혜적 관계의 당위성을 지적한 말이며 우리가 수렴, 실행해야 할 가치이다.

현대적 예는 이런 호혜적으로 서로 존중하는 관계를 지향해서 개선되고 실천되어야 할 것이다.

〈감사: 존경과 애정의 표시〉

예는 사상가들이 오랜 세월을 두고 다루어 온 주제이다. 서양에서는 기원전 이집트 왕조 때와 그리스와 로마 시대에 이미 예에 관한 규칙이 마련되었었다. 16세기에는 영국의 예를 상징하는 신사도 (gentlemanship)의 행동방식이 규정되었다.

최근에는 네티켓(netiquette)이라는 전자우편(e-mail)과 온라인 교신(online forum) 방법을 규정하는 컴퓨터 예절이라고 할 수 있는 새 용어가 등장하였다.

이러한 규정은 예를 바르게 행하는 사회를 이루는데 필요한 조건이며 전통적 가치와 현대적 생활 스타일을 결합하려는 의지를 담고 있다고 본다.

이렇게 세속화된 예도 그 기본 내용은 문화적으로 통용되는 가치를 반영하고 있다. 그 가치의 핵심은 여전히 위에 제시한 인(仁 넓은 사랑)이라고 본다.

우리는 이런 가치를 기틀로 예를 생각하고 실행하는 데 다른 문화 사람들보다 더 많은 에너지를 써 왔다.

한국인은 어릴 때부터 부모에게 효도하고 형제·자매와 우애를 지키고 친척 어른에게 예의 바르고 선생님을 존경하고 친구 사이에 신의를 지키고 나아가 이웃 어른을 존경하며 예를 행하도록 사회화되고 교육받고 있다.

우리는 역사적으로 인간애를 중요시해 온 민족이다. 단

군신화에서 시작하여 지금의 종교적 가르침에 이르기까지 줄곧 사람을 중시하고 사랑하는 데 사상적 중심을 두도록 이끌려 왔다. 특히 유교는 이러한 전통과 융합하여 우리의 사상과 생활에 커다란 영향을 미쳐 왔다.

앞서 논한 바와 같이 동아시아 문화에서 매우 중요시하는 가치가 인간관계에서 지켜야 하는 인에 바탕을 둔 예이다. 예를 행하는 데 가장 으뜸가는 것이 곧 부모님께서 베풀어 주신 막중한 은혜에 정이 담긴 마음과 행동으로 감사하는 것이다.

〈한국인의 정(情)과 감사〉

한국인의 인간관계는 '정을 주고받는 것'으로 풀이되고 있다. 즉 정을 인간관계의 바탕을 이루는 것으로 간주하고 있다(최상진, 2012; 임태섭, 1994: 17). 정은 우리 민족 나름의 고유한 감정이다. 정은 알게 모르게 우리의 감정과 정신에 깃들어 있고 우리의 행동과 태도에 영향을 미치는 보편적 정서를 이루고 있다(박현경, 2009; 이수원, 1984).

정을 주고받는 데는 보상성이 크다.

정 관계에서는 상대방을 도우려는 동기도 강하지만, 받은 은혜에 감사하며 보답하려는 의지도 강하다(이수원, 1984: 115).

보답(보은) 동기가 강하다는 것은 받은 것의 크고 작음
에 상관없이 은혜에 감사하며 내가 가진 것을 주는 적극적
인 이타적 행동을 하려는 뜻을 간직하는 것이다(이수원,
1984: 116).

한국인은 이러한 정으로 부모님에게 이타적 행동을 하게
된다. 이타적이란 남에게 도움이 되는 사회적 덕행을 함을
뜻한다.

5) 친사회적 성향

감사는 사람 대 사람 관계-사회관계-에서 정을 표하며 예를
지키는 마음이다. 이 마음은 부모님을 비롯한 도움을 베푸
는 분에게 은혜를 갚는 행동을 하도록 이끌게 된다(Rind &
Bordia, 1995).

은혜를 베푸는 분에게 감사하며 존중함으로써 이분이 성
취감과 자존심을 갖도록 해서 나와 함께 복리를 주고받는
호혜적 사회관계를 이룩해 나갈 수 있다.

그래서 감사는 친사회적 특성을 간직한다고 본다(McCullough
외, 2001). 사회관계에서 은혜를 베푼 사람에게 덕스러운 행동
을 하여 상호 간의 바람직한 교환을 촉진해서 사회적 화합을
이룩하기 때문이다.

은혜를 베푼 분에게 감사함으로써 그분에 대한 긍정적인
성품을 간직하게 된다. 이런 성품을 확장함으로써 여러 사

람에게 우애롭고 이타적인 행동을 하게 되며 사회관계를 친근하게 화합하도록 하는 긍정적 효과를 발생할 수 있는 것이다(McCullough 외; 2004; Frederickson, 1998).

〈감사와 겸손〉

나에게 은혜를 베풀어 주신 부모님에게 감사하며 겸손하게 존중하고 돌보아 드리는 것은 오랜 세월 동안 우리 문화에서는 중시해온 가치이다.

감사는 겸손과 밀접한 관계가 있다. 겸손은 한국인 특유의 문화적 및 사회적 성향이다(한상진, 2012: 51; 임태섭, 1994).

겸손한 사람은 오만하지 않고 나 자신을 스스로 낮추어 은혜를 베푼 사람에게 감사하며 존중하는 예를 행한다. 나를 일방적으로 비하하는 것은 아니다.

우리는 예의 나라 사람으로서 다른 사람이 베푸는 도움에 대해 관례적으로 '고맙습니다'라고 인사한다. 가정에서는 자녀에게 남의 도움이나 친절을 받으면 이렇게 인사하도록 사회화하고 이어 학교에서는 이런 행동을 생활화하도록 교육되고 있다. 즉 친사회적 성향을 기르는 것이다.

은혜를 주고받는 데 관한 교훈이 유교 경전 여러 곳에 수록되어 있다. 소학(小學 3장 廣敬身 4)에는 '종신양로 불왕백보'(終身讓路 不枉百步)라는 어구가 있다. 이 말은 평생 남에게 길을 양보해도 내가 입는 손해는 백 보밖에 안 된다는 뜻이다. 내가 오랫동안 겸손하게 남을 존중하며 양보해 나가도 내가 입는 손해는 얼마 되지 않는다는 타이름이다.

하물며 나의 부모님과 선생님과 같은 은인에게 겸손하게 행동함으로써 받는 손실은 비록 백 보보다 더 하다 해도 능히 감당해야 하지 않겠는가?

예를 지키는 우리 문화에서는 은혜를 베푼 분에게 감사하는 데 내 에너지의 일부를 바치는 것이 사회적 도덕이며 예로 되어있다.

서양문화에서도 감사의 중요성이 강조되고 있다. 일찍이 로마의 철학자 세네카(Seneca)는 감사는 모든 덕행의 근원이라고 했으며, 윤리학자 아퀴나스는 감사는 사회생활의 질서를 유지하는 힘이라고 했다(Aquinas, 1981).

이러한 힘을 반영하듯이 서양의 유명한 교양서적에는 "인간은 신에게 감사하고, 농부는 주인에게 감사하고, 주인은 군주에게 감사하고, 자녀는 부모에게 감사하고, 은혜를 받은 자는 은혜를 베푼 자에게 감사하라"라는 충고가 들어있다.

어떤 사람이든 그분이 베풀어 준 은혜에 겸손하게 감사함으로써 그와 내가 서로 존중하며 친밀한 교호적 관계를 이룰 수 있다. 그래서 감사는 사회적 선(善)을 이룩하는 덕행이라고 본다. 더욱이 감사는 사람들이 서로 즐기고 도움이 되는 친사회적 교환을 유도하는 힘이 될 수 있다.

부모·자녀 사이에서도 물론 감사는 이런 교환을 위한 원동력이 될 수 있다. 감사는 그 자체가 도덕성을 간직하여 값지지만, 부모 은혜에 대한 보답의 첫 번째 표현이며 예(禮)의 기본적 표시가 된다는 점에서도 더욱 값지다.

앞서 논한 바와 같이 철학자 짐멜(Simmel, 2008: 388)에 따르면 감사는 '인류의 도덕적 기억'(moral memory)이다. 받은 은혜를 기억해 두었다가 감사하는 도의적 행동을 함을 뜻한다. 이것은 인간이 마땅히 해야 하는 예를 지키는 것이며, 이 예에는 겸손이 깃들어 있다. 예를 지키는 사람들은 겸손한 마음으로 상호 존중하며 친밀한 사회적 관계를 유지한다.

짐멜은 받은 도움에 대한 감사는 서로에 대한 의무를 수행하는 사회체계를 이루게 되며, 이 체계는 곧 인간사회의 도덕적인 시멘트(접착제) 역할을 한다고 했다. 이 말은 앞서 인용한 굴드너(Gouldner, 1960)의 교호적 돌봄 관계가 사회적 접착제 역할을 한다는 말과 상통하는 것이다.

사람은 은혜를 베푼 사람에게 의무적으로 그 은혜를 갚게 되며 이렇게 하는 것이 문명인의 도덕적인 예의 실행인 것이다. 이것은 또한 인간존중·인간애와 정을 가치로 삼

는 우리 사회의 전통적인 문화적 관행이기도 하다. 이런
관행은 서로 돌보는 집단과 공동사회의 복리를 증진하는
저력(底力)이 될 수 있다고 본다.

〈사회적 은혜를 베푸는 부모〉

우리나라에서 민간이 하는 사회공헌 – 사회적 은혜 – 을
베푸는 친사회적 활동은 증가하는 추세이다. 이 사회적 은
혜도 부모들이 베푸는 것이다. 부모는 각자 자기의 개인적
형편에 따라 크고 작은 사회적 은혜를 베풀고 있다.

사회적으로 어려운 사람들을 돌보려는 인도주의적 은혜
를 제공하는 부모들의 활동이다. 나와 내 가족이 어려움을
당할 때 나·가족에게 되돌아오는 은혜이다. 우리의 문화
적 특성인 가족 중심의 경조사 부조와 친척, 친구와 이웃
을 위한 부조 그리고 사회공동체를 위한 헌금, 지원 및 봉
사 – 친사회적 은혜 – 는 경제발전과 생활 수준이 향상
됨에 따라 높은 수준에 달하고 있다.

이러한 발전적인 사회적 은혜를 제공하는 부모들의 활동
은 확장되어 가는 사회복지공동모금회의 실적을 보면 알
수 있다. 우리 사회 각계각층의 개인과 집단 그리고 기업
이 내는 크고 작은 헌금을 모아 전국 지역사회의 다양한
사회복지 활동을 위해서 활용하고 있다.

공익재단과 종교단체의 은혜도 많아, 돌봄이 필요한 국내와 국외의 어린이, 고령자, 장애인, 미혼모, 다문화가족, 그리고 이북(북조선)을 포함한 발전도상국의 사회적 약자에게 베풀고 있다.

돈과 물질이 아닌 노력으로 하는 자원봉사 활동도 지역별, 직업별, 단체별로 전국에서 발전적으로 실행되고 있다.

이 모든 은혜를 베푸는 활동은 퇴계가 창도한 공(公)을 위한 돌봄을 사랑-존중-측은지심으로 실행하는 것이며 사해(四海) 동포를 위한 은혜 베풂으로 확장된 것이다.

세계기부지수(世界寄附指數)를 보면 한국인의 전반적인 사회적 은혜 제공 활동이 국제적으로도 높은 수준에 달하고 있다(World Giving Index, 2017).

이 바람직한 현상은 한국의 다수 부모들이 국내외에서 은혜를 베푸는 활동을 발전적으로 실행하고 있음을 예증하고 있다. 세대 간 및 계층 간의 한계를 넘고 국경을 초월해서 은혜를 베풀고 있다.

이런 활동은 나보다 어렵고, 딱하고, 불쌍한 사람들에게 은혜를 베풀고자 하는 한국 부모들의 인도주의적 가치와 친사회적 행동을 드러내고 있으며, 나아가 한국적인 문화적 저력(底力)이 되는 공동체 복리를 지향하는 위공사상을 실현하는 것이다.

〈감사의 이타성〉

서양사람은 일반적으로 받은 은혜에 대해 'Thank You' (감사합니다)라는 말만 하면 끝나는 경향이 있다. 그러나 우리는 말로만 하는 인사 이상으로 받은 은혜에 고마움을 느끼고서는 베푼 사람의 복리를 위해 따뜻한 정으로 무엇을 해 주려는 친사회적인 이타적 성향을 품게 된다.

사실 사람들은 대개가 남에게 은혜를 베풀면, 은혜를 받은 사람이 나에게 어떤 형식으로든 다소간에 갚아주기를 기대하는 경우가 없지 않다. 말로만이 아닌 실제로 표현되기를 바라는 것이다.

공자의 가르침을 담은 논어(14: 36)에는 '친절은 친절로 갚아야 한다'라는 말이 있다. 이런 가르침을 따라 유교 문화에서는 갚는다, 되돌려 준다, 보상한다는 행동을 뜻하는 보(報), 환(還), 상(償)과 같은 말이 널리 사용되고 있다.

공자는 이어 친절은 친절로 갚아야 하지만, 나에 대한 그릇된 짓은 정의(올바름)로 갚아야 한다고 타일렀다. 은혜를 받은 자는 베푼 자에게 도덕적으로 갚아야 함을 가르친 것이다.

불교에서는 노여움을 친절로 대하고, 악은 선으로 대하며, 거짓은 진실로 대해야 한다고 가르친다. 이도 역시 도덕적으로 대응해야 함을 가르치는 것이다(미치하타, 1994).

개인주의적인 서양문화에서는 자기 자신을 중심으로 감

사를 표시하는 성향이 짙다. 하지만 한국이 속하는 인간관계 중심적 문화에서는 집단과 공동사회에 속하는 나와 다른 사람들과의 상호관계를 중시하여 나와 친한 관계를 맺으며 은혜를 베푸는 사람들 - 부모, 선생, 어른, 이웃, 친구, 내가 속한 집단의 성원 - 에게 의무적으로 감사하도록 어릴 때부터 사회화와 교육이 되고 있다.

그래서 일반적으로 우리 문화에서는 감사하는 행동이 더 자주, 더 자연스럽게 실행되는 경향이다.

6) 돌봄으로의 행동화

동아시아 문화에서는 베풀어 준 은혜에 대해서 단순히 '고맙다', '감사합니다'라는 말로만 하는 데 그치지 않는다. 감사를 실제로 표현함을 중시한다. 즉 지행(知行)의 일치 - 아는 것을 행동으로 실행함을 중시하는 가치 - 를 발현하는 것이다.

위와 같이 감사는 다른 사람을 이롭게 하는 이타적 행동을 하도록 이끈다. 베푼 분을 도와주려는 동기도 강하지만, 받은 은혜에 보답하려는 의지도 강하다.

은혜를 베푼 분에게 보답할 도덕적 의무를 느낌으로써 혜택을 베푸는 이타적(남을 이롭게 하는) 행동을 하게 되는 것이다.

초등학교 학동도 은혜를 베푼 사람에게 감사하고 이 분

의 복리를 돕고자 하는 의욕을 갖기 시작한다(김경희, 2003).

성인의 경우 감사는 베푼 분을 예(禮)를 지키며 돌보는 친사회적 행동으로 옮겨진다(Emmons & McCullough, 2004: 113-114; 성규탁, 2020). 감사가 행동화(行動化) 되는 것이다.

특히 부모와 자녀 사이에서 이런 행동이 현저하게 지속적으로 이루어진다. 부모님을 돌보는 데는 정과 측은지심이 작동하게 마련이다. 이분들이 어려워지면 측은한 마음으로 정으로써 돌보아 드리는 행동을 하게 된다.

감사는 다양한 유형의 돌봄을 교환하는 서로 돌봄 ― 사회적 교환 ― 을 조성하는 힘이 된다. 이런 교환을 함으로써 종교적 가르침에 순응할 뿐 아니라 은혜를 주신 분에게 예를 지키며 보답하여 사회생활의 도덕성을 높이게 된다. 서로에게 도움이 되는 이타적 행동 ― 돌봄(케어) ― 을 함으로써 친사회적으로 삶을 풍요하게 하는 것이다(Emmons & McCullough, 2004: 201~205).

제2장

은혜에 대한 감사와 보답

1
부모님 은혜에 대한 감사

앞서 논한 바와 같이 부모님에게 감사함은 덕스러운 행동이고 관습적으로 지키는 예이며 모든 종교가 가르치는 도덕적인 의무이다.

이러한 의무를 수행함은 동아시아 문화권에 속하는 한국, 중국, 일본, 대만, 싱가포르 나라 사람들이 일상생활에서 발현하는 문화적 관행으로 되어 왔다(조지현, 오세근, 양철호, 2012; 성규탁, 2920). 즉, 효(孝)를 실행하는 것이다.

부모님에 대한 감사는 선생님에 대한 감사로 이어진다. 부모님은 위와 같은 은혜를 베푸시지만, 선생님은 앞으로 사회에서 살아나가는 데 필요한 지식과 방법을 가르쳐 주신다. 따라서 부모님 못지않게 선생님도 우리가 감사해야 할 주요 대상자가 되신다. 선생님에 대한 감사는 이 책 부록에 해설해 놓았고 저자의 다른 책에서 사회조사 자료를 바탕으로 밝혀 놓았다(성규탁, 2011, 2017).

"필요할 때 받은 한 방울의 물은 못물로 불려 갚아 줄지 어다"라는 속담은 다음에 논하는 부모님의 은혜를 백 배, 천 배, 만 배로 넓혀서 갚아 드려야 함을 깨닫도록 한다.

2
부모님의 은혜와 자녀의 보은

동아시아 문화에서는 사람이 마땅히 지켜야 할 도리로서 5가지의 원칙 — 오륜(五倫) — 을 들고 있다. 이 원칙에서 기틀이 되는 것이 부자유친(父子有親 부모와 자녀 사이에 지켜야 하는 친밀한 관계)이다. 어느 시대, 어느 사회, 어느 문화에서나 변할 수 없는, 아니 세상이 백 번, 천 번 바뀌어도 변할 수 없는, 하늘이 주신 각별한 관계이다.

한없이 깊은 애정과 존중 그리고 측은지심으로 차 있는 관계이다(맹자, 고자 장구 상 6).

⟨측은지심의 너그러움⟩

'측은지심'(惻隱之心)은 인(仁 넓은 사랑)을 싹틔우는 방법이다(맹자, 공손추 상 5).

조선 유학의 중심인물인 퇴계(退溪 李滉)는 나의 가슴속에 가득한 남을 사랑하고 이롭게 하는 측은(惻隱)한 마음이 막힘없이 두루 퍼지게 함으로써 인(仁)과 일치될 수 있다고 했다(퇴계집, 서명 고정강의 인비늘).

퇴계는 우리의 가족 및 사회생활에서 지켜져야 하는 인에 기틀을 둔 윤리적 원칙을 가르쳐 준 대표적 유교학자이다(박종홍, 1960; 금장태, 2012; 성규탁, 2017).

측은한 마음으로 남이 배고프면 자신도 배고픔을 느껴 그에게 먹을 것을 주려 하고, 남이 물에 빠지면 뛰어들어 건져내려 하고, 남의 기쁨을 자신의 기쁨으로 여기며, 남이 도움을 베풀면 이에 감사하여 정성껏 갚으려 하고, 남에 대한 사랑과 애처롭게 여김이 가슴에서 저절로 흘러나와 그 보답을 바라지 않는다(퇴계집, 서명 고정강의 인설; 맹자, 공손추 장구 5).

자녀가 부모님을 존경하며 돌보아 드리는 것은 이러한 측은지심으로 베풀어 주신 깊고 높은 부모님의 은혜에 대한 감사의 표현이라고 본다.

1) 부모님의 고귀한 은혜

우리 문화에서는 부모님 은혜에 감사함은 사람이 행해야 할 긴요한 과업이며 모든 착한 행동의 으뜸이고 올바른 생활의 기본이라고 믿어 왔다(박종홍, 1960; 류승국, 1995; 송복, 1999).

부모님은 특히 아래와 같은 이 세상에서 가장 귀하고 소중한 은혜를 자녀에게 베풀어 주셨기 때문이다.

* 낳아 주신 은혜(생산의 은혜)
* 길러 주신 은혜(양육의 은혜)

부모님은 자녀에게 생명과 몸을 낳아 주셨을 뿐만 아니라 자녀가 자라나는 오랜 세월에 걸쳐 끝없는 사랑과 측은지심으로 음식, 의복, 주거, 양호, 교육 등 온갖 유형의 정서적 및 물질적 돌봄을 제공해 주신다.

게다가 부모님은 항상 마음속 깊이 자녀가 병이 없이 오래 살기를 소원하신다(논어, 위정 6). 이런 간절한 소원은 오직 부모님만이 할 수 있는 한없이 깊고 두터운 정과 측은지심에서 우러나는 것이다.

우리의 부모님은 다른 나라의 부모보다도 이런 고귀한 은혜를 베푸시는 데 뛰어나시다.

〈서(恕) : 남을 이롭게 하는 성품〉

퇴계는 사람을 존중하는 중요한 방법이 서(恕)라고 했다. 서는 다른 사람을 자신처럼 사랑하며 존중하는 이타적 가치이다(성학십도, 인설). 서도 측은지심과 같이 인을 발현하는 방법이며 부모 돌봄(효)의 실마리가 된다.

'서'는 동아시아 문화에서 매우 중요시하는 가치이다. 자기가 서고자 하면 남을 세워주고, 자기가 도달하고자 하면 남도 도달하게 함이다(논어, 위영공 23; 퇴계 성학십도, 인설).

받은 은혜에 감사하며 보답한다는 것은 사람들 사이에서 이루어지는 교환관계이다. 이 관계가 원만하고 공평하게 서로의 욕구를 수용해서 이루어지도록 하는 힘 또는 가치가 곧 서이다. 즉 "내가 받은 은혜에 대한 감사와 보답을 베푼 분에게 행한다", "내가 바람직하다고 보는 것을 남에게도 행한다"와 같이 인간관계에서 지켜져야 하는 상호성과 공평성이 깃든 도덕적 가치이다.

부모·자녀 사이에서도 이러한 서의 가치가 적용되어야 함은 말할 것도 없다. 서로에게 감사해야 할 것, 서로 원하는 것, 서로 바람직하다고 보는 것을 이루어 나가는 것이다.

오늘날 새 기술이 나와 산업방식이 달라지고 생활양식이 바뀌고 있다. 이러한 큰 변화 속에서도 변치 않는, 아니 변할 수 없는 사실이 있다. 그것은 곧 위와 같은 부모님을 비롯한 은혜를 베푼 분들에게 감사하며 사랑과 존중을 표상하는 인의 가치이고, 이 가치를 사회관계에서 발현케 하는 측은지심과 '서'다.

부모님의 대다수는 일평생 자녀를 돌보고, 기르고, 교육했으며, 각자의 능력에 따라 가족, 사회, 국가를 위해 이바지한 분들이다. 이분들이 노령기에 들어 신체적, 사회적, 경제적 사정이 어려워져 도움이 필요할 때 감사하며 존중하고 돌보아 드린다는 것은 도덕적으로 예를 지키는 우리의 문화적 맥락에서는 당연하고도 올바른 짓이라고 하지 않을 수 없다.

세계적으로 저명한 역사학자 아놀드 토인비(Arnold Toynbee) 경의 다음 말이 생각난다.

"한 나라의 문명화된 정도는 그 나라에서 노인이 대접받는 것을 보면 알 수 있다."

부모님 은혜에 대한 감사

위와 같은 막중한 은혜를 대가 없이 오랫동안 베풀어 주신 부모님에게 감사함은 우리가 흔히 사용하는 다음 인용구와 같은 우리의 가슴에 와 닿는 감동적인 표현이 될 수 있다.

부모님 은혜

[인용구]

* 아버님의 사랑은 태산보다 높고 어머님의 사랑은 바다
보다 깊다.

* 이 세상에서 마무른 조건 없이 나를 사랑해 주시는 분
은 부모님뿐이다.

* 부모님은 내가 어렸을 때부터 나의 장래를 위해 준비
하도록 정신적, 사회적 및 재정적으로 도와주셨다.

* 부모님은 나를 위해 살고 계신다. 내가 행복하면 그분
들도 행복하시다.

* 부모님의 가장 커다란 바람은 내가 안전하고 건강하게
오래 사는 것이다.

위와 같은 은혜에 감사하기 위해서 다음과 같은 사실도
아울러 알고 있어야 하겠다.

· 사랑은 부모님과 나를 엮어 매는 끈이다.
· 부모님과 나와의 사랑은 아무도 끊을 수 없다.

- 부모님은 나에게 생명을 주셨는데 이제 나를 위해 그 분들의 생명을 바치려 하신다.
- 부모님의 사랑은 자기 자신의 이득이나 편의를 생각지 않으시고 조건 없이 베풀어 주시는 것이다.
- 부모님에게 해달라고 부탁드린 것은 많지만, 내가 이 분들에게 해 드린 것은 많지 않다.
- 내가 아무리 멀리 떨어져 있어도 부모님은 항상 나와 가까이 계신다.
- 부모님은 자녀를 행복하게 하려고 노력하시지만, 이에 대한 대가를 바라지 않으신다.
- 부모님은 올바른 행동수칙을 가르쳐 주신다. 하지만 이를 실행할 책임은 나에게 있는 것이다.
- 내가 자라날 때 부모님은 항상 나와 함께 계셨다. 이 분들이 늙으시면 나도 그분들과 함께해야 할지어다.
- 우리는 자라나는 데 바빠서 부모님이 늙어 가시는 것을 알지 못하고 있다.
- 부모님이 살아 계실 때 공경할지어다. 이분들이 앉아 계셨던 자리가 비어 있는 것을 보고 뒤늦게 그분들에게 하지 못한 것을 뉘우치게 되느니라.
- 부모를 존중하지 않는 자는 다른 사람도 존중하지 않는다.
- 부모님을 존경할지어다. 그러면 나의 자녀도 나를 존

경하게 되리라.

· 부모님의 한없이 너그러우신 은혜를 가족 안과 밖의 힘을 모아 예와 정으로 갚으려고 한다.

〈중국인의 감사 표시〉

중국인이 부모에게 감사하며 효를 실행하는 방식을 엮은 옛 '24가지 효행 이야기' (二十四孝的故事)는 한국어를 포함한 여러 나라말로 번역되어 세계적으로 널리 애독되었다.

이 옛날 효행 이야기는 중국의 농경시대에 효자가 부모님에게 깊이 감사하며 어렵고 힘든 일을 해서 효도했다는 내용의 24편의 짤막한 글로 되어있다

아래의 '새 24가지 효행'은 위의 옛이야기가 담고 있는 효의 기본정신을 갖추고 있으나 그 표현방식이 현대화된 것이다. 오늘날의 경쟁적이며 기술적으로 분주하게 살아야 하는 산업사회에서 이루어질 수 있는 효행의 새로운 유형을 보여 주고 있다.

예로 부모님에게 용돈을 드리는 것, 인터넷 사용을 가르쳐 드리는 것, 사진을 찍어드리는 것, 보험을 들어드리는 것 등이 보태져 있다.

이 '새 24가지 효행 이야기'도 역시 근년에 중국에서 만들어진 것이다. 이야기의 내용을 보면 우리에게도 해당할

수 있는 효행 방식이 들어있다.

중국 효의 기본도 역시 부모님에게 감사하며 이분들을 충심으로 존중하며 이분들이 도움이 필요할 때 정서적 및 물질적으로 돌보아 드리는 것이다.

[새로 나온 중국의 24가지 효행 유형]
1. 자주 배우자와 자녀를 데리고 부모님 집 찾아뵙기
2. 명절과 휴일에는 되도록 부모님과 함께 보내기
3. 부모님께 생일잔치 차려드리기
4. 친히 부모님을 위해서 밥 지어드리기
5. 매주 부모님에게 전화 드리기
6. 부모님의 용돈을 넉넉하게 드리기
7. 부모님을 위해 사랑의 카드(경로우대카드 등) 만들어 드리기
8. 부모님의 지난날 일을 공손히 듣기
9. 부모님에게 인터넷 사용법을 가르쳐 드리기
10. 자주 부모님에게 사진 찍어드리기
11. 부모님에게 사랑한다고 말로 표현하기
12. 부모님의 어려운 문제를 풀어드리기
13. 부모님의 여가취미를 지지하기
14. 홀로 되신 부/모님이 재혼하는 것을 지지하기
15. 정기적으로 부모님을 모시고 건강진단 하기

16. 부모님을 위해 보험 들어드리기
17. 자주 부모님에게 속마음을 털어놓고 소통하기
18. 부모님과 함께 중요한 행사에 참여하기
19. 부모님을 모시고 나의 직장을 참관하기
20. 부모님을 모시고 여행을 하거나 추억의 장소로 놀러 가기
21. 부모님과 함께 운동하기
22. 알맞다고 보는 부모님의 개인적 행사에 참여하기
23. 부모님을 모시고 그분의 옛 친구분을 만나러 가기
24. 부모님을 모시고 옛날 영화를 보러 가기

⟨일본 사람의 감사 표시⟩

일본인이 흔히 하는 부모님에 대한 감사의 표현으로서 다음을 들 수 있다.

부모님에게 감사하기 위해서 다음을 행한다.

· 그분들로부터 배우라.
· 그분들의 말씀을 귀담아들어라.
· 그분들과 함께 더 많은 시간을 보내라.
· 그분들과 대화하라.

· 그분들에게 충고와 자문을 부탁드려라.
· 미리 알리지 않고 선물이나 기호품을 드려라.
· 그분들의 은혜에 보답하라.

〈미국인의 감사 표시〉

미국인이 흔히 사용하는 부모에 대한 감사의 표현으로서
다음을 들 수 있다. 감사에 관해서 미국의 자유 사전과 교
양서적에 제시된 표현과 저자가 15년간 미국에서 교직 생
활을 하면서 여러 미국 가정에서 듣고 보고한 표현을 간추
려 엮은 것이다.

* 어머님, 아버님, 나의 가슴속 깊이 사랑합니다. 두 분
  의 사랑과 돌봄이 없었더라면 오늘의 내가 있지 않았
  을 것입니다.
* 어머님과 아버님으로부터 가장 많이 배운 것은 서로
  사랑하고 가족을 돌보는 일이었습니다. 가장 중요한
  공부를 시켜 주셔서 감사합니다.
* 자라날 때 어머님과 아버님이 해 주신 맛이 있고 건강
  하게 하는 음식을 잊지 않습니다. 이제 자라난 내가
  두 분에게 그런 음식을 대접해 드려야 하겠습니다.
* 오랫동안 부모님에게 감사하지 않고 왔습니다. 하지만

두 분은 한시도 조건 없이 나를 사랑하고 이해하고 지원해 주시지 않을 때가 없었습니다.

* 다른 사람을 친절하게 돌보아 주고 그의 자유와 의견을 존중하라고 타일러 주신 것, 감사합니다.
* 내가 성공하도록 도와주시고 내가 노력하도록 밀어주신 두 분에게 감사합니다.
* 두 분의 덕택으로 나의 생활이 안전하고 행복하게 되었습니다.
* 두 분이 지금까지 베풀어 주신 사랑과 돌봄을 도저히 갚을 수가 없습니다. 나는 오직 감사할 따름입니다.
* 내가 어디를 가나 무엇을 하든 두 분의 행복은 나의 가슴속 깊이 담겨있습니다.

위의 여러 인용구가 담고 있는 뜻의 공통점을 요약하면, 부모 은혜에 '감사'하고 '보은'하려는 자녀의 성심이다. 은혜를 받아온 긴 세월을 돌이켜 보며 그 은혜의 크고 깊음을 절감하여 애정과 존경으로 감사·보은하려는 자녀의 중단 없는 노력을 나타내고 있다.

2) 자녀의 감사와 보은

위의 인용구가 밝히는 바와 같이 부모님에게 감사함은 이분들이 베푸신 깊고 넓은 은혜에 보답하기 위해 자녀가 행하는 예(禮)이다.

일찍이 유교 사상의 시조인 공자는 사람을 예로 대접할 것을 역설하였다.

공자는 예를 다음과 같이 설명하였다.

"사람이 예가 있으면 편안하다. 무릇 예라는 것은 자기를 낮추고 남을 높이는 것이다" (人有禮則安 夫禮者 自卑而尊人)(예기, 곡례 상).

인간관계에서 남을 존중하라는 가르침이다.

공자는 예를 이루는 데 지켜야 할 기본적 가치로서 인(仁)을 들었다. 앞서 논한 바와 같이 인은 부모를 존중하는 데서 비롯된다. 부모존중이 예의 시발이요 기본이 되는 것이다.

이 점에 대해서 공자의 사상을 이은 맹자(孟子)는 다음과 같이 가르쳤다.

"인(仁)의 실제는 어버이를 섬기는 것이다" (仁之實 事親是也) (맹자, 이루 장구 상 27).

위의 가르침을 뒷받침하듯이 예기(禮記)에는 아래와 같이 가장 커다란 효(大孝)로서 부모에 대한 존경이 제시되어 있다(大孝尊親 其次弗辱 其下能養).

첫째 효, 부모를 존경하는 것(尊親)

둘째 효, 부모와 가족을 욕되게 하지 않는 것(弗辱)

셋째 효, 부모의 의식주를 잘 돌보는 것(能養)

위의 세 가지 효에서 첫 번째로 무게를 둔 것이 부모에 대한 존경(尊親)이다.

한 제자가 어떤 방법으로 부모에게 효도하면 좋겠냐고 질문하자 공자는 다음과 같이 답하였다.

"오늘날 효도란 부모를 잘 먹이는 것을 이르거니와 개와 말에게도 먹을 것을 주지 않는가. 부모를 존경하지 않는다면 사람과 짐승 사이에 무슨 차이가 있겠는가" (논어, 위정 7).

위의 말은 자녀에게 은혜를 베푼 부모를 마음속에서 우러나는 측은지심으로 감사하며 존경해야 함을 가르치는 명언이다.

퇴계의 가르침에서 막중한 은혜를 베푼 부모를 감사하며 존경함은 더욱 분명히 드러난다.

퇴계는 부모존경의 중요성을 다음과 같이 강조하였다.

"부모를 섬기며 돌보는 것은 사람이 행할 가장 중요한 과업이며, 모든 착한 행동의 으뜸이고, 사람의 올바른 행동과 생활의 기본이다"(퇴계집, 무진육조소; 류승국, 1995; 박종홍, 1960).

퇴계는 예를 지키는 어진 사람은 어버이를 섬기는 것을 하늘을 섬기듯 하며 다음과 같은 마음가짐으로 한다고 했다(퇴계집, 서명고증강의).

"남을 사랑하고 이롭게 하는 따뜻한 마음으로서 사람의 마음속에 담겨있는 인이 발하여 사랑하고 존중하는 마음이 되며 이 마음에는 측은지심이 한 결같이 통한다"(이황, 성학십도, 인설).

이 가르침은 인간존중과 인간애 그리고 측은지심으로 발현되는 인간중시 사상을 밝힌 것이다.

위와 같은 퇴계의 가르침에는 부모님의 은혜에 감사하며 이분들을 존경할 의무를 행동으로 수행해야 한다는 타이름이 담겨있다.

사실 부모님을 존경하지 않고서는 이분들에게 긍정적인 태도를 갖추어 진심으로 감사해 드릴 수가 없는 것이다.

다음의 사실을 보아 이 점을 이해할 수 있다.

〈보은: 존경과 돌봄의 종합〉

앞서 지적한 효의 3가지 유형 ― 부모를 존경함(尊親), 부모를 욕되게 하지 않음(弗辱), 부모를 잘 돌봄(能養) ― 가운데 능양(能養)이 담고 있는 뜻은 부모에게 좋은 음식, 따뜻한 의

복, 안락한 거처를 드려 편히 잘 돌보아 드리는 것을 뜻한다. 이처럼 존경과 돌봄이 가장 중요한 조건으로 지적되어 있다.

존경하는 마음이 돌보는 행동으로 전환되는 것이다.

윤리학자들도 돌보는 것과 존경하는 것이 겹쳐있다고 주장한다. 이들은 존경은 돌봄을 포함하며 돌봄은 존경의 일부(part of respect)라고 규정하고 있다(Downie & Telfer, 1969; Dillon, 1992).

유교 경전에서도 존경이 돌봄과 중첩되어 있음이 거듭 드러난다. 예기(예를 행하는 데 관한 준칙)에는 부모존경 및 돌봄은 혼합 또는 종합되어 수록되어 있다.

예를 들어 예기(하 내칙 12)에는 다음과 같은 자녀를 타이르는 말이 있다.

> "부모를 돌보아 드리는 데는 그 마음을 즐겁게 해 드리고, 그 뜻에 어긋나지 않도록 하며, 눈과 귀를 즐겁게 해 드리고, 잠자리를 편안하게 해 드리며, 음식은 마음을 다하여 대접해야 한다."

이 가르침은 존경이 돌봄과 연계되어 있음을 알려준다. 다시 말해서 돌봄은 존경함으로써 이루어지고, 존경하면 돌봄이 따르게 됨을 시사한다. 존경과 돌봄의 기틀을 이루는 가치는 바로 은혜에 대한 감사라고 본다.

퇴계는 부모에 대한 존경 및 돌봄(事親)을 앞서 하고, 다음으로 형제와 우애롭게 사귀며(事兄弟), 이어 공동체 성원을 돌보아야(事公) 한다고 가르쳤다(성학십도, 인설).

이처럼 '존경'은 부모를 비롯한 모든 사람에게 적용되어야 하는 윤리적 규범이다.

존경은 곧 사람의 '존엄성'을 받드는 가치를 담고 있다.

이 규범은 사회복지 돌봄, 의료, 이웃 봉사, 가족 돌봄에서 반드시 지켜져야 하는 엄중한 윤리적 가치이자 규범이다 (한국사회복지사협회 윤리강령, 2012; NASW Code of Ethics, 2012; 일본사회복지사회 윤리강령, 2006).

이 가치는 침윤성(스며 드는 성질)이 강하여 돌보는 사람의 마음과 행동에 스며들어 이들의 돌봄의 방향과 실천방법을 선정토록 이끄는 지렛대 역할을 한다(Myrdal, 1958; 이순민, 2016).

퇴계는 부모 돌봄의 실현방법으로서 위와 같은 가치를 가르쳤는데, 이 도덕적 가치는 종교적 가르침과 상통하며 사회가 변하여도 쉽사리 변하지 않는다. 이런 인간중시적 가치 ─ 존엄성 ─ 를 기틀로 감사와 보은의 대상이 되시는 노부모님을 위한 돌봄이 개발, 전달되어야 함이 마땅한 것이다.

[주: 미국의 최다 독자 수를 가진 신문 New York Times가 행한 사회조사에서 다수 미국 부모가 자녀에게 가르쳐 주고자 하는 가치는 근면이나 애국심이 아니라 나이 많은 분을 존경하는 것임을 무려 응답자들의 91%가 지적한 사실이 드러났다(1996.9.22). 미국 사회에서 이러한 노인존경을 중시하는 부모가 많다는 사실은 인상 깊은 일이다. 이러한 미국인의 태도 바탕을 이루는 것은 노인/노부모가 가족과 사회에 이바지한 은혜에 대한 감사라고 본다.]

제3장

부모님이 베푸신 은혜

부모님이 베푸신 은혜는 자녀 돌봄, 즉 자유(慈幼, 어린 자녀에 대한 사랑과 돌봄)에 해당한다. 어리고 연소한 자녀를 사랑하며 측은지심으로 돌보는 부모의 의무를 수행하는 것이다.

부모는 자녀를 '출산'하여 '양육'하는 인생 최대의 은혜를 자녀에게 베푼다. 즉 아기를 출산해서 성인으로 성장시키는 오랜 기간에 걸쳐 양육, 사회화, 도덕성 개발 및 교육 지원을 해나간다.

유교 경전에는 어린이에 관한 구절이 드물다. 그러나 조심스럽게 살펴보면, 어린 사람과 관련된 가르침이 은유적 또는 간접적으로 수록되어 있음을 알 수 있다. 특히 도덕성 개발과 관련된 것이다.

유교적 가르침을 편 퇴계는 "인은 만물을 낳고 살게 하는 마음이고 따뜻하게 남을 사랑하고 모든 것을 이롭게 하는 마음이며 측은한 마음"이라고 했다(퇴계집, 차자 인설).

이 만물 속에는 어린이와 젊은이가 포함되어 있음은 자명한 일이다.

동아시아 문화에서는 도덕성 개발을 중요시한다. 어린이도 가족의 구성원으로서 도덕성 개발의 대상이 됨은 물론이다. 도덕성은 부모와 자녀 간의 상호관계 속에서 싹튼다. 부모의 자녀에 대한 사랑과 존중은 자라나는 자녀가 부모를 사랑하고 존중하는 친사회적(親社會的) 성품 - 도덕성 - 을 이루도록 이끈다(이희경, 2010: 161; 김인자 외, 2008). 이런 과정을 통해서 도덕성을 함양하는 결과를 이룩하게 된다 (Rice, 1984: 481-494).

도덕성을 갖춘 자녀는 장래 부모를 비롯한 가족원은 물론, 이웃과 공동체 성원의 삶의 질(質)을 고양하는 긴요한 역할을 하게 된다(김인자 외, 2008: 646).

자녀는 가족의 중요한 구성원이다. 가족은 돌아가신 선조님, 생존하시는 부모님, 부모님 대를 이을 자녀, 앞으로 태어날 후손으로 이어지는 연속된 체계를 이루고 있다. 이 가족의 연속선 위에서 자녀는 연결고리 역할을 하는 불가결한 존재이다.

모름지기 부모는 이러한 자녀의 성장을 위해 자기들의 정력과 재력을 바쳐 깊은 사랑과 측은지심으로 돌보아 나간다.

부모는 자녀를 조건을 붙이지 않고 사랑한다. 자녀는

그들의 가장 귀중한 산물이기 때문이다. 자녀는 몸이 다를 뿐 그들(부모) 자신과 같다고 믿는 것이다. 예술가가 작품을 완성하고서는 그 작품을 자기를 재현한 것이라고 애착하며 소중히 여기는 것과 흡사하다. 아니 부모・자녀 간의 관계는 이보다도 훨씬 더 오묘라고 애절하며 절실한 것이다.

서양의 철학자들도 부모 사랑의 특수성을 지적하였다. 일찍이 그리스의 철학자 아리스토텔레스(Aristoteles)는 부모의 자녀에 대한 사랑은 바로 자신들에 대한 사랑이라고 했고, 근대 독일 철학자 헤겔(Hegel)도 자녀에 대한 사랑은 부부 자신들 간의 사랑과 같다고 했다.

이 선현들의 말은 부모와 자녀 사이에는 애정, 존중, 측은지심 및 서로 이루어지는 깊은 '서로 돌봄' 관계가 필연적으로 이루어짐을 시사한다고 본다.

부모는 자녀를 낳음으로써 가장 귀중한 몸과 생명을 그들에게 제공한다. 부모는 낳은 아이를 장기간에 걸쳐 다양한 유형의 정서적 및 물질적 돌봄을 조건을 붙이지 않고 대가를 바라지 않으면서 제공한다.

한국 부모의 자녀에 대한 애정은 별나다.

한국의 부모・자녀 관계는 서양인들 사이의 개별적이고 독립적인 관계와 대조된다. 즉 한국의 부모・자녀 관계는 위에서 지적한 바와 같이 동일체감(同一體感, 같은 몸이라고 생각함)을 바탕으로 하고 있다. 자식과 부모를 한 몸이라고 보는 생각이다. 이러한 생각에서 부모의 기쁨과 고통은 곧 자녀의 기쁨과 고통이며 그 반대 방향도 같다고 보는 것이다(최상진, 2012: 251). 즉 이 관계에서는 상대의 기쁨이 나의 기쁨이오, 상대의 아픔이 나의 아픔이 되는 것이다.

흔히 한국 부모는 자식을 다섯 손가락에 비유하여 자식이 불행이나 고통을 겪을 때 부모는 자신의 손가락을 다쳐서 느끼는 고통으로 비유한다. 이는 부모·자녀의 동일체의식을 암시적으로 알려주는 것이다(최상진, 2012: 251).

혈통을 같이하는 데서 발생하는 깊은 정은 영아기-아동기에는 부모로부터 시작되나, 자녀가 자라나면서 사회화되는 과정에서 자녀가 부모에 대한 관심을 가지고 걱정하는 도덕적 심정을 마음속에 간직하게 되고, 이어 성인이 됨에 따라 이러한 심정은 부모·자녀 간에 서로 돌봄을 주고받는 호혜적 관계로 진전하게 된다(김인자 외, 2008).

이러한 변화 과정에서 자녀는 노쇠해지는 부모에 대해서 단순한 친밀감의 차원을 넘어 고마움, 송구스러움, 안타까움을 느끼는 동시에 부모 은혜를 감사하며 갚으려는 보은의식(報恩意識)을 갖게 된다.

한편 부모는 자녀를 측은지심으로 돌보려는 혈육의식(血肉意識)을 간직하게 되어 출생에서 성장하는 오랜 세월 동안 앞서 논한 바와 같이 헌신적으로 자녀를 돌보게 된다 (최상진, 2012: 253; 성규탁, 2020).

이러한 의식을 간직하는 부모가 자녀를 위해서 하는 돌봄에 대해서 알아보고자 한다. 이 특수한 돌봄에 관해서 여러 가지 사례를 들어 볼 수 있을 것이다. 이 책에서는 우리 문화에서 일반적으로 널리 알려져 있고 통속적으로 중요하다고 보는 자녀의 생존과 성장에 관련된 아래 3가지 주제에 대해서만 논설하고자 한다.

* 출산 및 영아기 양육
* 도덕성 함양
* 성장 과정 지원

1) 출산 및 영아기 양육

아마도 우리를 이 세상에서 태어나 살게 하신 부모님의 고마움에 대해 가장 가슴속 깊이, 가장 감동적으로, 가장 애절하게, 가장 고마움을 느끼도록 이끄는 말씀은 부모은중경(父母恩重經)에 담겨있는 아래와 같은 10가지의 어머님에 관한 특수한 사실이라고 본다.

부모은중경은 오랜 세월에 걸쳐 부모 은혜를 깨닫고 이에 보답하는 자녀의 의무를 가르치는 데 널리 활용됐다. 한국의 농어촌 가정의 일상생활에 보급되어 애송되어 온

세속화된 문화적 자산이다.

이 경전은, 한마디로 요약해서, 부모 은혜가 '지극히 막중함'을 밝혀 놓았다.

아이가 태어났을 때의 괴로움과 기쁨, 양육하는 데 겪는 어려움, 쓴 것은 먹고 단 것은 자식에게 주는 것, 마른 곳에 자식을 눕히고 젖은 곳에 눕는 것 등 어머니가 지극하신 사랑으로 베푸신 은혜를 해설한 가르침이다.

어머니가 아기를 잉태하여 출산할 때 겪는 심신의 고뇌와 희생은 이루 다 형용할 수 없을 뿐만 아니라 출산 후에도 오로지 자식의 편의와 안전을 위해 자신의 몸을 희생한다.

[주: 불교에서는 아버지의 은혜를 어머니의 이러한 은혜와 동등하게 보고 있음.]

⟨10가지의 은혜⟩

* 첫째로 어머님이 아기를 잉태하시어 보호하며 지켜주신 은혜이다.

아기는 여러 겹을 거듭한 무거운 연(緣)으로 이 세상에 와서 어머니의 아기집에 몸을 의탁했다. 잉태 기간 10개월이 지나면서 오장이 생겨나고, 7주가 지나면서 6개 감각 기관들이 자라나기 시작한다. 아이가 자라남에 따라 어머니의 몸은 산처럼 무거워진다. 바람만 불어도 재난이 있을까 겁내며 몸 움직임을 멈춘다. 어머니의 마음은 오직 배 안의 아이에 대한 걱정뿐이다. 그리하여 비단옷은 도무지 걸치지 않으시고 몸을 단장하는 거울에는 티끌만 묻어 있다.

* 둘째로 아기를 해산함에 즈음하여 고통을 이겨가며 수고하신 은혜다.

잉태하시고 10달이 지나니 바야흐로 해산의 어려움이 다가온다. 아침마다 무거운 병에 걸린 것만 같고, 나날이 정신도 희미해지며, 몸 움직이기 힘들다. 그 두려움은 어찌다 표현할 수 없고, 그 근심하는 눈물은 가슴에 가득하여 옷깃을 적신다. 슬픔을 머금고 가족에게 하는 말은 오직 아이가 죽지나 않을까 두렵다는 것이다.

* 셋째로 자식을 낳고 모든 근심을 잊으신 데 대한 고마움이다.

자애로운 어머니는 아이를 낳으신 날, 오장이 모두 열리고 벌어졌다. 몸과 마음이 함께 까무러쳤고, 피는 흘러 양을 도살한 것과 같았다. 고난을 겪고 나서 기쁨이 가라앉자 아이의 안녕을 걱정한다. 아이가 무사함을 알고서는 다시 심장과 창자를 쑤시는 아픔을 견디어 내신다.

* 넷째로 쓴 것을 삼키시고 단 것을 뱉어 아기에게 먹이
신 은혜이다.

부모님의 은혜는 가장 무겁고 바다보다 깊다. 귀여워하
고 사랑하심을 한때도 잊지 않는다. 쉬지 않고 불평하지
않으시며 참으로 깊고 표현할 수 없는 사랑을 주신다. 단
것은 뱉어 아기에게 주시며 쓴 것을 스스로 삼켜도 눈썹을
찡그리지 않는다. 다만 아기가 배부르기만을 바라시고 자
애로운 어머니는 굶주림도 사양치 않으신다.

* 다섯째로 아기는 마른자리에 뉘시고 자신은 진자리에
누운 은혜이다.

어머니는 스스로 몸을 진 데 눕고 아기만은 언제고 마른
데를 찾아 뉘신다. 두 젖으로 굶주림과 목마름을 채워주시
고 소맷자락으로 바람과 추위를 막아 주신다. 아이가 안락
하고 즐거워지도록 하시고 자기 자신의 위안은 생각지 않
는다.

* 여섯째로 젖을 먹여 주시고 키워주신 은혜이다.

아이를 돌보고 먹여 주는 어머니를 땅에 비긴다면 엄하
신 아버지는 하늘과 같다. 아버지의 덮어주시는 하늘과 어
머니의 실어주는 땅은 다르지만, 부모님의 마음은 다 같다.
아이의 눈이 비록 없다 해도 미워하심이 없고, 아이의 손

발이 불구라도 싫어하시지 않는다. 내 배로 친히 낳은 자식이므로 종일토록 아끼시고 가엾이 여기신다. 참으로 부모님의 크나크신 사랑이다.

* 일곱째로 깨끗하지 않은 것을 씻어주신 은혜이다.
어머니는 옛날에는 얼굴도 아름다운 바탕이라서 아리따운 모습이 참으로 풍만하고 무르익었었다. 눈썹은 푸른 버들 빛으로 나뉘었고 두 뺨은 붉은 연꽃도 무색했었다. 그러나 어머니의 사랑은 너무나 깊어 이 모든 아름다움을 잊어버린다. 끊임없이 아이를 씻겨주고 돌보면서 어머님의 몸매를 손상한다. 사랑에 찬 어머니는 오직 그의 아들과 딸을 위해 일하시며 그 자신의 아름다움을 삭아지게 하신다.

* 여덟 번째로 자식이 멀리 갔을 때 걱정하시는 은혜이다.
죽어 이별하는 것도 참으로 잊기가 어렵지만 살아 이별함도 실로 슬픈 상처를 준다. 자식이 집을 떠나 동리 밖으로 나가면 어머니의 마음은 타향에 머물러 있다. 낮이고 밤이고 그분의 마음이 자식을 따라가 흐르는 눈물이 몇 천 줄이 된다. 원숭이가 제 새끼 사랑하여 울듯이 자식 생각에 애간장이 다 끊어진다.

* 아홉째로 자식을 깊이 정성껏 돌보신 은혜이다.

강산같이 무거운 부모님의 은혜는 갚을수록 갚기가 실로 어려워진다. 자식의 괴로움을 대신 받겠다고 소원하시며 아이가 수고하면 어머니는 안절부절못하신다. 자식이 먼 길을 떠난다고 듣기만 하셔도 행여 밤에 춥게 자지나 않을까 걱정하신다. 아들딸의 괴로움은 잠깐이건만 어머니의 마음은 오래도록 쓰리기만 하다.

* 열 번째로 끝끝내 애처롭게 여기시는 은혜이다.

위와 같이 아기를 낳으신 어머니는 이 아기가 자라나는 과정에서도 끊임없이 참사랑으로 돌보아 나간다.

서 계시거나 앉아 계시거나 마음은 자식의 뒤를 쫓으시고 멀리 있거나 가까이 있거나 뜻은 자식을 따라가 있다. 어머니의 연세가 백 살이 되셨어도 언제나 여든 살 난 자식을 걱정하신다.

부모님의 이 은혜는 언제나 끊어질지, 이분들의 목숨을 다한 후에야 비로소 여읠 수 있는 것이다.

이 경전은 부모님의 은혜에 감사하도록 가르치고 있다. 나의 부모님에게 감사하고서는 다른 모든 부모님에게도 감사하도록 깨닫게 한다. 이렇게 감사하는 것을 불교에서는 효라고 한다.

이 경전은 어머님의 깊고 끝없는 사랑을 높이 받들며 자녀가 이 은혜에 보답할 의무를 강조한다. 아버지의 사랑도 역시 강조한다. 위에 제시한 여섯 번째 가르침에서 어머니와 아버지의 사랑은 다 같다고 가르치고 있다.

이 경전은 한국을 포함한 동아시아 나라들에서 오랜 세월 동안 부모에게 감사하고 존경하며 돌보도록 가르치는 민속 문화적 자료가 되어 왔다.

부모은중경은 평범한 어머니의 생활을 묘사하고 있다. 이 점 유교의 경우와 다르다. 유교에서는 권위가 있고, 교육을 받고, 상류층에 속하는 사람, 대개는 남성에 관한 이야기로 되어있다. 하지만 이 은중경에 나오는 어머니는 평민가정의 어머니이며 재산과 가재를 별로 갖지 않는 저소득층 어머니이다.

부모·자녀 간 정에는 빈부와 귀천을 가리지 않고, 동양이나 서양, 그리고 예전이나 현대와 관계없이 언제 어디서나 그리고 누구에게나 변함이 없다. 이러한 진실한 정이 아이에게 통하여 이에 대한 보답이 급기야 부모에 대한 감사, 존경, 돌봄으로 발현되는 것이다(미치바타, 1994: 86).

〈아낌없이 사랑으로 양육하시는 어머니〉

위와 같이 아기를 낳으신 어머님은 이 아기가 자라나는

과정에서도 끊임없이 참사랑으로 돌보아 나간다.

어머니는 때때로 이웃 동네에 가서 먹을 것과 물을 가져오거나 땔감을 마련해 온다. 어머니는 마련한 먹을 것을 먹지 않고 아기에게 주기 위해 집으로 가져온다. 어머니의 끝없는 사랑과 은혜를 나타내는 것이다. 제때 빨리 돌아오지 못하는 경우가 많다. 이럴 때면 잠자던 아기는 깨어나서 울면서 어머니를 찾는다. 이윽고 어머니가 돌아오면 잠자리에서 어머니가 오는 것을 보고, 머리를 흔들면서 어머니에게 기어가서 반가이 맞이한다. 어머니는 몸을 굽혀 얼굴의 먼지를 닦고서 아기에게 입을 맞춘다. 어머니는 아기를 다시 보게 되어 한없이 기쁘며 아기도 역시 어머니를 보게 되어 매우 기쁘다.

이 세상의 무엇도 이와 같은 모자의 서로 만남의 즐거움과 반가움에 비할 바가 없을 것이다. 부모·자식의 애정의 깊이는 이보다 더한 것이 없다고 본다(미치하타, 1994: 86).

참으로 자애가 넘쳐 흐르는 어머니와 자식의 인간관계가 발현되는 장면이다.

위의 10가지 은혜와 이러한 애정 어린 돌봄은 부모 은혜의 주요한 부분을 이룬다.

2) 도덕성 함양

부모 은혜에 감사하며 이분들을 존경하며 돌보아 드리는

데 대한 가르침은 전통적으로 아동의 품성 또는 인격 개발을 겸한 도덕성 교육의 중심을 이루어 왔다.

이 교육은 부모가 이끄는 가정에서의 사회화로 시작하여 교사가 주도하는 학교의 교육을 통해 기틀을 잡게 된다.

도덕성은 아동이 도달하고자 하는 자아 이상과 그가 옳고 그름을 판단하는 양심을 담고 있다. 자아 이상은 부모의 행위를 동일시함으로써 이룩하게 되며, 양심은 옳은 행동을 칭찬, 포상하여 길러 주고, 잘못된 행동은 힐책, 벌함으로써 수치와 죄의식을 느끼도록 하는 부모의 노력으로 형성된다(임진영, 2003; 김경희, 2003; Lewis, 1990). 이처럼 부모는 자녀의 기초적인 발달과정에서 긴요한 역할을 한다.

이 과정에서 부모, 특히 어머니의 양육방식이 커다란 영향을 끼친다(임진영, 2003). 부모는 현실적 기준을 세워 지켜야 할 규칙을 알려 주고, 애정적이지만 단호하게 보상과 벌을 주면서 이 규칙을 값있는 것으로 느끼고 따르도록 이끈다.

이처럼 부모는 자녀의 도덕성 발달에 가장 커다란 영향을 미친다(홍연희, 2021; 520; 이연숙, 2011).

부모는 아동의 성장(신체적, 정서적, 언어적, 인지적 및 사회적)을 도우면서 이들의 자신과 타인에 대한 지각을 발달시키고, 사회에 올바르게 적응하도록 바람직한 친사회적 가치관과 교류 기법을 배우도록 이끈다. 즉 아동이 자기들 품 안에서 자라나기 시작할 때부터 깊은 애정으로 칭찬하고, 타이르고, 벌을 주며 이렇게 이끌어 나간다(김경희, 2003).

이렇게 이끌린 아동은 부모에 감사하는 마음의 싹을 품기 시작한다(이희경, 2010; 김인자 외, 2008).

도덕성이 발달하는 데 결정적인 시기는 소년기(10-12세)부터이어서 학교에 들어가 도덕성이 발달하게 된다(김인자 외, 2008).

점차 법과 질서를 따르게 되고 소임과 책임을 수행하게 된다. 자신의 감정과 욕구를 조절하고, 학교 친구와 이웃 사람의 감정에 공감하며, 이들의 욕구를 충족해 주기도 하며 친사회적이고 도덕적인 행위를 경험하고 배우게 된다(이희경, 2010; 김인자 외, 2008).

교육과정에서 교사는 학동들의 자유와 인권, 그리고 발언권과 의사결정을 존중한다. 그리하여 이들의 주도적이고 자발적으로 받은 돌봄에 감사하는 행동을 유발하는 노력을 한다. 이들의 감사에 대한 의견을 묻고, 올바른 방법을 선택하도록 이끌어 주며 감사를 자유롭게 표현하도록 이끈다.

부모는 학교에서 이루어지는 이러한 변화를 지지하며 칭찬하고 보상해 주면서 격려, 강화하는 노력을 한다.

이렇게 이끌려 발전함으로써 아동은 부모를 위시한 형제·자매와 학교 친구와 호의적이며 애정적인 인간관계를 유지하는 한편, 부모와 선생이 베푼 도움에 감사하는 친사회적 생활기법을 배워나가게 된다(한국청소년개발원, 2011: 386; Rice, 1984: 481-494).

부모는 학교에서 배우는 감사에 대한 지식적 측면에 보태어 감사에 관한 정서적 및 행동적 측면을 일상생활에서 실행하도록 가르치는 긴요한 역할을 한다(홍연희, 2021: 520; 한국청소년개발원, 2011: 161).

가족 세팅에서 아동은 부모와 형·누이가 제시하는 정당하고 합리적인 규칙을 존중하여 이를 따르게 된다(한국청소년개발원, 2011, 352; 김인자 외, 2004).

이어 사회공동체의 법과 규칙을 배워 준수하게 된다. 다른 사람과 사회생활을 하는 데 자기도 소중히 여기지만, 남도 소중히 여기는 사람존중의 성품을 간직하게 되는 것이다(교육과학기술부, 2011-361호).

사회적 기대 및 관습에 맞게 행동함에 따라 보은의 의식 및 의무감을 가지게 된다. 즉 성숙해짐에 따라 부모에게 감사하고 존중하며 돌보아야 하는 사회적 규범을 알고 지키게 되는 것이다(한형수, 2011).

부모는 이처럼 자녀의 발달 초기부터 도덕적 성품을 간직하여 친사회적으로 사회생활을 하는 데 이르기까지 격려, 강화, 훈계 및 보상을 하면서 성장하는 데 필요불가결한 역할을 한다(김경희, 2003; 김유숙, 2020: 86).

부모에 대한 감사는 이러한 부모가 제공하는 지도와 돌봄에 대한 자녀의 자연적인 반응이라고 본다(장현숙, 옥선화, 2015; 최상진, 2012).

위와 같이 자녀는 부모로부터 태어나서 애착기를 지나 친사회적으로 도덕성이 발달하기 시작하는 때까지 전적으로 부모를 비롯한 선생의 돌봄과 지도로 성장해 나간다. 이때를 지난 뒤에도 독립된 가구를 구성할 때까지 부모와 동거하면서 식사, 주거, 의복, 보건, 의료, 교육, 교통, 통신, 오락 등 생활에 필요한 다양한 도움을 받는다.

자녀 양육은 부모가 책임지는 매우 커다란 과업이다. 이 과업을 수행하기 위해 부모가 지는 정서적 및 재정적 부담 또는 희생은 매우 크다.

부모가 자녀에게 베푸는 은혜의 주요 부분이다.

3) 성장 과정의 지원

우리 문화에서는 자녀가 부모에게 의존하면서 부모와 동거하는 것을 당연한 생활관습으로 보고 있다. 이러한 관습은 가족주의적이고 상호의존적인 한국인 성향의 발로라고 할 수 있다. 고등학교만 마치면 부모와 떨어져 사는 것을 자연적인 관행으로 삼는 미국인의 생활풍습과 대조된다.

다음은 자녀 양육을 위해 부모가 수행하는 책임과 부담에 관한 경험적인 자료이다.

한국 부모의 자녀교육에 대한 관심과 재정적 투입은 대단하여 세계적으로 알려져 있다. 생활 수준이 높아지고 부유해짐에 따라 다수 부모의 자녀교육은 아동기에서 시작되는 과외공부로부터 대학 학부를 마친 뒤의 대학원과 박사학위 과정에 이르는 장기간에 걸쳐 이루어지고 있다.

다음 자료는 정부 소속 공공기관에서 자녀교육에 투입하는 재정자원을 조사, 파악한 것이다.

부모가 주로 물질적으로 자녀를 돌보는 실례가 된다. 물론 이런 물질적 돌봄은 부모의 자녀에 대한 애정, 존중, 측은지심 및 서 – 정서적 돌봄 – 를 바탕으로 이루어질 수 있다.

ㄱ) 출생에서 대학 졸업까지의 양육비

부모는 자녀를 이 세상에 태어나게 한 후 성인이 될 때까지 돌봄을 계속한다. 부모가 자녀 한 명을 양육하기 위해 부담하는 비용을 살펴보고자 한다.

출생해서 대학을 졸업할 때까지 드는 총비용이 2억 6천204만 원으로 드러났다(대한민국국회교육과학기술위원회, 2012: 한국교육비부담현황보고서, 2010년 기준).

양육단계별 지출액은 영아기(0~2세)는 2천466만 원, 유아기(3~5세)는 2천938만 원이다. 자녀가 학교에 들어가면 비용이 더 늘어나 초등학교(6~11세) 6천300만 원, 중학교(12~14세) 3천535만 원, 고등학교(15~17세) 4천154만

원, 대학교(18~21세) 6천812만 원이 되었다.

월평균 자녀양육비는 영아 68만 5000원, 유아 81만 6000원, 초등학생 87만 5000원, 중학생 98만 2000원, 고등학생 115만 4000원, 대학생 141만 9000원으로 연령대가 높아질수록 더 많아진다. 돈이 들어가는 항목은 연령대별로 달랐다. 출생 직후 3년간은 분웃값 등 식료품비가 월평균 12만 2000원으로 비중이 제일 높다. 초-중-고 교육 기간에는 사교육비가 각각 28만 6000원, 34만 1000원, 33만 5000원으로 지출항목 1위였다. 대학생은 교육비(54만 1000원)의 비중이 가장 컸다.

조사결과 전체 응답자(부모)의 99.5%는 자녀의 고교졸업을 책임져야 하고, 89.9%는 대학 졸업을 책임져야 한다는 가치관을 가진 것으로 나타났다. '취업 때까지 책임져야 한다'라는 응답은 전체의 40.3%, '혼인 때까지'라는 응답은 28.1%였다.

김승권 보건사회연구원 선임연구위원은 "우리나라 부모들은 자녀 양육에 과도한 책임을 지고 있다"라고 했다 [대한민국국회교육과학기술위원회. 2012년 10월 24일].

위의 자료는 자녀를 양육하는 과정에서 부모가 자녀에게 베푼 애정, 존중 및 측은지심의 정서적 돌봄은 포함되어 있지 않다.

ㄴ) 성인 자녀를 위한 지원비

한국 부모는 성장한 자녀에게도 재정적 돌봄을 제공한다.

한국보건사회연구원(2016)이 발표한 '가족 형태 다변화에 따른 부양체계 변화전망과 부양분담 방안'(책임연구원 김유경)에 관한 조사에서 만 25세 이상 자녀를 가진 40~64세 부모 262명 중 39%가 성인 자녀에게 경제적 지원을 하고, 일상생활에서 도움을 주었음이 알려졌다.

부양을 받은 25살 이상 성인 자녀의 87%는 미혼이었고, 취업자 59%, 비취업자 28%, 학생 13% 등으로 나타났다. 이 자료는 많은 부모가 취업하고 있는 미혼 성인 자녀를 돌보고 있음을 알리고 있다. 이 부모들의 68%는 돌보아지는 성인 자녀와 동거하고 있었다. 1년간 성인 자녀 돌봄에 든 비용은 월평균 73만 7천 원이었다.

돌봄의 어려움으로는 돌봄 비용 부담(39%)을 첫손으로 꼽았고, 그다음으로 자녀와의 갈등(30%), 개인 및 사회생활 제약(10%) 등이 지적되었다. 67%는 1년 내내 성인 자녀에게 경제적 지원을 했다.

지난 1년간 성인 자녀에게 정서적 도움을 포함한 일상생활에 도움을 준 빈도에 대해서는 56%가 '거의 매일'이라고 답했다.

이상 두 가지의 보기들은 부모의 자녀 돌봄의 실상을 설명하는 경험적 자료이다.

이러한 돌봄 외에도 자녀는 성장 과정에서 다양한 유형의 크고 작은 물질적(재정적) 도움(예: 일용 잡비, 교통비, 의료비, 오락비 등)을 수많은 횟수에 걸쳐 받았을 것이다.

위와 같은 돌봄 − 부모 은혜 − 을 받은 자녀는 사회적 기대에 맞게 행동하기 시작하며 부모에게 감사하며 존중하고 돌보려는 보은 의식을 마음속에 품게 되는 것이다.

제4장

자녀의 보은

앞장에서 논한 바와 같이 부모님은 자기들의 안락과 노후 생활을 위한 정력과 자원을 바쳐 자녀 돌봄을 계속하다가 세상을 떠나신다.

이런 돌봄을 받은 자녀는 부모님에게 어떤 태도와 행동을 하게 되는가? 낳아 주시고 양육해 주신 크고 높고 깊은 부모 은혜에 대해 자녀가 보답하고자 하는 심정을 명심보감 효자 편에 다음과 같이 애절하게 표현해 놓았다.

"아버지 어머니 나를 낳으시고 기르시느라 애쓰시고 수고 하셨도다. 그 은덕을 갚고자 하는데 그 은혜가 하늘같이 다함이 없어 갚을 바를 알지 못하도다."

이 글이 시사하듯 막중한 은혜를 베푼 부모에 대한 자녀의 사친(事親 부모를 친근히 돌봄)은 오직 그들의 부모에 대한 감사, 존중, 사랑 및 측은지심을 다해야만 다만 일부라도 이루어질 수 있는 것이다. 자녀가 부모에게 감사하며 은혜에 보답한다는 것은 하늘이 주신 특수한 관계를 갖는 부모님에게 존경하며 예를 실행하는 것이며, 이분들이 필요로 할 때 진심으로 돌보아 드리는 것이다. 즉 은혜에 보답하는 것이다. 사실 한국의 다수 자녀는 부모를 옳게 돌보지 못해서 항상 미안함과 한스러움과 같은 측은지심을 부지불식간에 거의 무의식적으로 간직하고 있다(최상진, 2012: 250). 한국, 중국, 일본 및 대만의 4개국 사람들의 부모 돌봄에 관한 사회조사에서 나온 경험적 자료에 의하면, 한국인이 이 동아시아 나라 사람 중에서 가장 전통적인 부모 돌봄 의식 - 효 의식 - 을 간직하며, 대만(타이완) 다음으로 부모 돌봄을 높게 실행하고 있음이 드러났다(조지현, 오세근, 양철호, 2012). 자녀의 부모 돌봄은 경장(敬長, 어른을 존경하며 돌봄)에 해당한다. 부모와 고령자를 존경하며 측은지심으로 돌보아 드리는 의무를 수행함을 말한다. 부모와 자녀 관계는 매우 특수하다. 이 관계는 앞서 지적한 혈육의식을 바탕으로 지극한 친함으로 연결되어 끊어지거나 떨어질 수 없는 관계이다. 세상이 바뀌어도 변치 않고 영속되는 관계이다. 이런 관계에서 부모에 대한 감사가 표현되는 것이다.

〈가족적 돌봄과 사회적 돌봄: 상호보완〉

산업화에 따른 사회변화로 이러한 표현도 달라지고 있다. 부모 돌봄에 대한 책임을 수행하기 어려운 상황이 발생하고 있다. 부모와 멀리 떨어져 사는 자녀가 많아지고, 돌봄 능력이 약하거나 돌보는 가족원이 없는 경우가 생기는 것이다.

이런 경우 가족 바깥의 지역공동체와 상조 단체, 그리고 국가와 대사회가 지원하는 사회복지 및 보건의료 시설이 제공하는 돌봄을 활용하게 된다. 이 가족 외부의 돌봄은 자녀의 돌봄 기능을 보완, 대행하고, 돌보지 못함으로써 생기는 문제를 예방, 해소할 수 있다. 즉 가족적 돌봄을 보완하는 사회적 돌봄이 실행되는 것이다(성규탁, 2020).

자녀가 부모님에게 감사하기 위해 행할 의무는 그들의 힘이 모자라면 이와 같은 사회적 돌봄으로 보충하거나 대행할 수 있게 되었다.

하지만 이러한 시대적 변화에도 불구하고 한국사회에서 가족이 노부모 돌봄을 포기했다는 공론은 나오지 않고 있다.

〈감사와 보은의 시작〉

한국인의 부모에 대한 감사는 어릴 때부터 가족을 기틀

로 싹트기 시작한다.

부모가 베푸는 돌봄에 감사하는 모습은 어린 아동에서도 볼 수 있다(이희경, 2010: 161; 김인자 외 2004). 아동은 나이가 들고 시간이 흐름에 따라 부모에게 감사하는 마음을 구상(마음속에서 생각해 나감)하게 된다(김인자 외, 2004; Rice, 1984: 481-494).

소년기와 청년기에 들어서는 감사의 표현이 점차 복잡해진다. 이어 성년기에는 정신적 및 물질적 힘을 투입하여 사회적 기대에 맞게 감사와 보은을 하게 된다(김경희, 2003: 44-75, 195-209, Rice, 1984).

이러한 생의 주기에 따른 변화를 개략적으로 밝혀 보고자 한다. 즉 아동, 청년 및 성인이 감사하고 보은하는 데 관해서 다음 3가지 사회조사에서 나온 자료를 바탕으로 논의한다.

[자녀의 감사와 보은]

1) 아동의 감사
2) 청년의 감사와 존경
3) 성인의 감사와 보은

위의 3개 과제에 대한 다음 자료는 모두 저자와 공동연

구자들이 한국 문화적 맥락에서 기존자료 분석과 사회현장
조사에서 수집한 경험적인 것이다.

1) 아동의 감사

우리가 애독하는 속담집과 교양서적에서 자주 오르내리
는 이야기가 부모의 은혜와 이에 대한 자녀의 감사와 보답
이다. 보답(받은 은혜를 갚음)은 부모·자녀 사이에 '서로
돌봄'이 이루어짐을 나타낸다. 즉 부모는 자녀에게 은혜를
베풀고 자녀는 이 은혜를 부모님에게 갚아 드린다. 즉 부
모·자녀 사이에 주고받는 관계, 즉 호혜적 관계가 이루어
지는 것이다.

아마도 부모가 자녀에게 베푸는 특수한 은혜를 가장 극
적이며 감동적으로 알려주는 이야기(가르침)는 앞장에서
인용한 부모은중경일 것이다. 이 불경 속에 담겨있는 10가
지의 어머니 은혜는 모두가 말할 수 없이 크고, 깊고, 넓고,
끝이 없으므로 자녀는 도저히 보답할 방법을 찾을 수가 없
는 것이다. 하지만 성숙한 자녀는 예의 바르게 그 은혜에
감사하는 노력을 하지 않을 수가 없다.

사실 부모 은혜에 대한 감사는 어릴 때부터 싹트고 시작
된다. 그런데 사람은 태어나서부터 고마움을 저절로 깨닫
고 표현하는 것은 아니다. 어른으로부터 배워서 하게 되는
것이다(이연숙, 2011; Emmons & McCullough, 2004: 89).

부모가 베푼 고마움 - 부모 은혜 - 에 보답하는 첫 번째 행동은 "아버님 어머님 고맙습니다"(감사합니다)라는 표현이 될 것이다. 아이는 집안에서 자라면서 부모님으로부터 칭찬과 훈계를 받아 가며 받은 은혜에 고맙다고 하도록 가르쳐진다. 즉 인간관계, 사회관계를 올바르게 개발, 발전해 나가도록 사회화(社會化)되는 것이다(Ryan, 1999). 초등학교에 들어가면 철이 들기 시작하여 은혜를 베푼 사람에게 감사하려는 마음을 품게 된다(김경희, 2003; Lewis, 1990). 받은 은혜에 대해 '고맙다'라는 뜻을 표현하도록 선생님으로부터 교육을 받는다(한국청소년개발원, 2011; Rice, 1984).

이 시기가 지나면 감사의 표현이 점차 발전되어 복잡하게 된다. 성숙해짐에 따라 도덕적인 생각과 행동으로써 받은 은혜를 이해하고, 이를 갚는 데 대한 의무감을 간직하게 되며, 이어 고마움을 태도와 행동으로 표현하게 되는 것이다(이희경, 2010; 김인자 외 2004).

위와 같은 아동기를 거쳐 청년이 되면서 사회적 기대(期待), 즉 사회적으로 바람직하다고 보는 관례에 맞게 물질적 및 비물질적으로 부모에 대한 감사를 표현하며 보은을 하기 시작한다(Emmons & McCullough, 2004).

감사하는 사람은 은혜 - 돌봄, 사랑, 친절 - 를 베푼 사람과 자신이 가진 것을 나누어 가지며, 그에게 의무적으로 도움을 주려는 사회적으로 바람직하며 인간관계를 존중하는 친사회적(親社會的) 행동을 하게 된다(김인자 외 2008: 646).

부모 은혜에 대한 감사와 보답은 외부로부터의 강요를 당해서 하는 것이 아니라 마음속에서 우러나는 의무감에서 생기는 것이다(Ryan, 1999; Hashimoto, 2004). 이런 의무감은 사람이 태어날 때부터 가지는 성품에서 오는 것이라고 한다(효경, 11장).

앞서 논한 바와 같이 칸트는 은혜에 대한 감사는 성(聖)스러운 의무라고 했다. 이 말은 감사는 인간으로서 당연히 해야 할 귀하고 값진 행동임을 의미한다.

그러나 부모 은혜에 보답하기란 쉬운 일이 아니다. 명심보감(효자 편)에는 그 은혜를 보답하기가 지극히 어려움을 알리는 앞서 인용한 다음과 같은 구절이 있다.

"아버지 어머니 나를 낳으시고 기르시느라고 애쓰시고 수고하셨도다. 그 은덕을 갚고자 하는데 그 은혜가 하늘같이 다함이 없어 갚을 바를 알지 못하도다."

이러한 막중한 은혜에 감사하는 표현은 배워서 하게 된다. 감사하도록 배운 아동은 다른 사람의 감정에 예민하게 되고, 감정이입과 정서적 기법을 하나둘 알게 된다. 바람직한 인간관계, 사회관계를 발전시키기 시작하는 것이다.

앞서 지적한 친사회적 성향에 보태어 이러한 긍정적인

파급효과가 있다. 대체로 감사하는 마음을 심어 줌으로써 아동이 장래 정신적 및 사회적 이득을 보게 된다는 것이 전문가들의 공통적인 견해이다(Lewis, 1990; Ryan, 1999).

부모가 아닌 사람에게도 은혜를 입으면 갚는다. 선생의 경우가 대표적인 예이다. 부모는 자녀를 이 세상에 태어나게 해 양육하지만, 선생은 이 세상에서 살아가는 데 필요한 지혜와 방법을 가르쳐 준다. 다음으로 나를 보살펴 주는 형과 누이, 친척 어르신, 나의 친구와 이웃, 직장의 선배, 그리고 뭇사람에게 도움을 주는 사회복지공동체에 고맙다는 말을 하는 것은 문명인이 마땅히 지켜야 할 예의이고 도덕적 의무이다.

〈감사의 시작〉

위와 같이 은혜를 베푼 사람에게 감사하는 버릇은 초등학교에 들어가서 가지게 된다(Weiner & Graham, 1988). 부모, 선생과 성인들이 감사의 표현을 하도록 가르쳐 준다.

어린이에게 '고맙다'라고 말하도록 가르친다는 것은 좀 까다로운 일이기는 하지만, 인생 초기의 교육으로서 매우 중요하다고 본다. 고맙다는 표현을 배운 어린이는 남에 대한 감정이입, 다른 사람과의 어울림, 그 밖의 생활기법을 더 잘 발전시켜 나아갈 수 있다(Lewis, 1990).

어린이는 부모가 하는 짓을 따르게 마련이다. 부모는 어린아이를 위해 무엇을 해 줄 때는 언제나 "고마워요", "고마워"라는 말을 하도록 해서 이런 표현에 아이가 익숙해져 따라 하도록 한다. 안아 줄 때도 "안아주어 고맙다"라는 말을 해 주면서 안는다. 이처럼 일상생활에서 가족끼리 대화할 때 고맙다는 표현을 하도록 일러주고 따라 하도록 유도해 나가는 것이다.

걸음마를 타는 유아는 완전히 자기중심적이다. 그렇지만 15~18개월이 지나면 고마움(감사)의 개념을 파악하기 시작한다(Lewis, 1990).

어린아이는 다른 사람에게 완전히 의존하는 상태인데, 그는 점차 어머니와 아버지가 그를 도와주는 것을 알기 시작한다. 다시 말해서 그는 자기 부모와 다른 존재임을 이해하고 엄마와 아빠가 그를 즐겁게 해 주기 위해 숨바꼭질을 하거나 비스킷을 주는 등의 행동을 함을 알기 시작한다(비록 그 나이에 감사함을 표시는 못 하지만). 두세 살이 되면 애완동물이나 사람에게 고맙다는 표현을 할 수 있게 된다고 라이언(Ryan, 1999)은 밝히고 있다. 라이언은 자기 딸 애니(Annie)가 두 살 때 식사를 할 때 식탁에 앉은 사람들이 돌아가며 감사하다는 말을 하는데 그의 순번이 되면 (감사하다는 말은 못 했지만) 앉은 사람 하나하나에 손가락으로 가르치는 짓을 하였다. 4세가 되자 애니는 노리개 같은 물건에 대해서뿐만 아니라 친절, 사랑, 돌봄 같은 정서적인 것에 대한 고마움을 이해하게 되었다.

고맙다고 하는 아이는 한 사람 중심의 세상에서 벗어나 그의 부모를 비롯한 주위 사람들이 그에게 도움(먹을 것을 주고, 기저귀를 갈아주고, 노리개를 주는 등)을 주는 데 대해 이해하고 있다. 한편 고맙다고 하도록 가르쳐지지 않은 아이는 자라서 남으로부터 도움을 당연히 받는 것으로 알고 흔히 실망하는 성향을 지닌다(Lewis, 1990).

어린이에게 감사하는 감정을 길러 주면 그 아이가 성인이 되어 덕을 볼 수 있다. 에몬스 등(Emmons & McCullough, 2004)에 의하면 감사하는 아동은 높은 행복감과 낙천주의적 성격을 가지며 우울증과 스트레스를 갖는 경우가 드물다.

〈감사의 표현〉

'고맙습니다'(감사합니다)라는 말은 누구나 하기 쉬운 말 같이 보이지만, 이 말을 일상생활에서 때와 장소에 맞게 사용하는 데는 생각을 가다듬고 조심을 해야 한다.

마음속에 고마움을 느끼고는 있지만 이를 말로써 나타내기는 그리 쉽지가 않은 것이다. 우리 한국인은 '감사합니다(고맙습니다)'라는 말을 잘 하지 않는 경향이 있다. 또 사랑한다는 말도 하기 거북한 것 같다. 이러한 습성은 우리가 예의를 모르거나 애정을 갖지 않아 그런 것은 아니다. 우리의 독특한 문화적 배경에서 비롯한 것이라고 본다. 우리는 의무적으로 서로 돌보는 가족체계에서 매우 친밀한 공동생활을 해오다 내 가족, 나의 친족으로부터 받는 친절과 사랑을 당연한 것, 자연적인 것으로 보게 되어 이들에게 구태여 감사한다, 고맙다는 말을 하지 않아도 되어서 그런 것 같다. 이러한 관행이 이웃과의 관계, 일반 사회관계에서도 흔히 행해지게 되는 것 같다.

윗사람과 아랫사람, 남녀 성별, 혈연관계를 엄격히 구분하여 이 구분에 따라 행동하게 되어있던 위계적인 전통사회에서는 사람들 앞에서 사랑한다고 말하는 것은 거북하고 어려웠던 것으로 본다. 어른이 안 보는 데서, 숨어서, 가만히 사랑을 표현할망정, 남 앞에서 공공연히 표현하지를 않는 것이다. 물론 이러한 정서와 감정에 대해 심리학적 해석이 있겠으나 이처럼 통속적인 해석을 해보는 것이다.

하지만 다른 사람으로부터 받은 은혜에 감사하며 갚는 것은 종교와 문화에 따른 구별이 없이 공통으로 자연스럽게 이루어져야 하는 예의이고 윤리적 행위로 되어있다. 우리 문화에서도 예나 지금이나 드러나게 중요시하는 행위이다. 그래서 우리가 애독하는 고전과 문예 작품에서 자주 오르는 덕스러운 행동 가운데 하나가 은혜 ─ 특히 부모 은혜 - 에 감사하고 보답하는 것이다.

> [주: 토인비(A. Toynbee) 경(卿)(University of London 교수)은 1973
> 년 그를 예방한 한국 정치인들에게 다음과 같은 말을 했음. "여러분
> 나라의 노인을 존중하고 가족체계를 중시하는 효는 이 세상에서 가장
> 훌륭한 가치이다. 이 가치가 유럽에서도 널리 퍼지도록 해 주오. 나는
> 이런 운동을 적극 지지하겠다. 만약 이 세계가 파괴되어 우리가 다른
> 천체로 옮겨 가게 된다면, 효는 우리와 함께 옮겨가야 할 최선의 문
> 화적 가치가 될 것이다."(Business Korea, January 23, 2014)]

〈감사의 표현〉

부모는 자녀를 이 세상에 태어나게 하였고, 사랑으로 길
러 주고, 교육해 주고, 사회에 진출하도록 도와주고, 끝없
이 걱정하며 돌보아 나간다. 이분들의 넓고, 깊고, 조건 없
이 베풀어 주는 은혜는 참으로 귀하고 어질다. 다음 노래
가사는 바로 이러한 특수한 은혜를 읊고 있다.

> "낳으실 제 괴로움 다 잊으시고 기르실 제 밤낮으로 애쓰는 마
> 음, 진자리 마른자리 갈아 뉘시고, 손발이 다 닳도록 고생하시
> 네. 하늘 아래 그 무엇이 높다 하리오 어머님의 희생은 가이없
> 어라."

다음은 아동이 부모님에게 감사를 표하는 실상을 사회조
사를 통하여 파악한 자료이다(성규탁, 2013).

이 조사를 위해 문헌(초중등학교 교과서, 아동심리 서적, 아동지도 서적)을 섭렵한 다음, 감사하는 말 표현에 관한 의견을 초등학교 3-4년생과 중학교 1-2년생(32명), 초등학교교사(8명) 및 학부모(25명)를 면접하여 청취하였다. 그리고는 학생들의 일상생활 속의 감사표현을 3인의 공동조사자들이 3개월간에 걸쳐 학교 안팎에서 관찰, 기록, 분석하였다. 다음은 이러한 과정을 겪어 밝혀낸 자료이다.

감사의 표현
"아버님·어머님 고맙습니다"

> 부모님은 나를 이 세상에 태어나게 하셨고, 사랑으로 길러 주시고, 교육해 주시고, 끝없이 나를 위해 걱정하시며 돌보아 나가십니다. 그분들의 넓고, 깊고, 조건 없이 베풀어 주시는 은혜는 참으로 귀하고 너그러우십니다. 부모님에게 고맙다는 마음을 언제나 가슴속 깊이 품고 고맙다는 말씀을 드리고자 합니다. 이렇게 하는 것이 자라나는 제가 부모님에게 효도하는 첫 번째 행동이 될 것입니다.
> 부모님에게 다음과 같은 '고맙습니다'의 말씀을 드리고자 합니다. [다음 대부분은 조부모님에게도 드릴 수 있다고 봅니다.]

"아버님, 어머님"

* 저의 몸을 낳아 주셔서 고맙습니다
* 저를 사랑으로 길러 주셔서 고맙습니다
* 저에게 먹을 것과 마실 것을 주셔서 고맙습니다
* 저에게 입을 것을 주셔서 고맙습니다
* 제가 살 집과 이부자리를 마련해 주셔서 고맙습니다
* 제가 아플 때 돌보아 주셔서 고맙습니다
* 저의 몸을 건강토록 잘 돌보라고 타일러 주셔서 고맙습니다
* 저의 건강을 위해 음식을 골고루 먹도록 가르쳐 주셔서 고맙습니다
* 제가 위험한 곳에 가지 않도록 일러 주셔서 고맙습니다
* 제가 위험한 장난을 하지 않도록 주의를 주셔서 고맙습니다
* 교통규칙을 잘 지켜 안전하게 학교에 가고 오도록 지시해 주셔서 고맙습니다
* 학교에 가고 오는 길에서 문제가 생기면 즉시 부모님에게 연락하라고 일러 주셔서 고맙습니다
* 학교에 갈 때 외모를 단정하게 해서 가도록 도와주셔서 고맙습니다
* 제가 공부하도록 뒷바라지를 해 주셔서 고맙습니다
* 선생님의 말씀을 따르도록 일러 주셔서 고맙습니다
* 선생님에게 공손하게 인사하고 바르게 말하도록 주의 주셔서 고맙습니다
* 학교규칙을 잘 지키도록 타일러 주셔서 고맙습니다
* 학교에서 좋은 친구들과 어울리도록 충고해 주셔서 고맙습니다
* 다른 학생을 따돌리지 말라고 주의를 시키셔서 고맙습니다
* 다른 사람을 절대 때리지 말라고 타일러 주셔서 고맙습니다
* 다른 사람과 싸우지 말라고 주의를 시키셔서 고맙습니다

* 모든 사람에게 예의 바르게 행동하도록 가르쳐 주셔서 고맙습니다
* 이웃 어르신을 존경하도록 가르쳐 주셔서 고맙습니다
* 나의 생활환경을 정돈하고 깨끗이 하라고 주의 주셔서 고맙습니다
* 어려움을 참고 헤쳐 나갈 수 있어야 한다고 가르쳐 주셔서 고맙습니다
* 돈을 아껴 쓰라고 타일러 주셔서 고맙습니다
* 저를 위해 끊임없이 사랑으로 걱정해 주셔서 고맙습니다

위와 같은 일련의 '고맙습니다'라는 말은 자라나는 학동이 부모님의 사랑과 도움에 감사한다는 마음을 가슴속 깊이 품고 하는 언어적 표현이다.

2) 청년의 감사와 존경

아동기를 지나 청년기에 든 자녀가 부모에게 감사하며 존경하는 데 대해서 저자가 수집한 경험적 자료를 바탕으로 논하고자 한다.

조사대상은 가정에서의 사회화와 학교에서의 기초교육을 거친 청년이다. 이들이 일상적으로 행하는 감사하며 존경하는 방식을 밝혀 보려는 것이다.

서울 시내 3개 대학에서 무작위로 선발된 458명의 대학생과 대학원생들이 부모께 감사하며 존경하는 방식을 공동

조사자 3명과 대학원생 6명이 설문을 통해 수집한 자료를 해석, 분석, 판별한 결과 다음 8가지 방식이 드러났다(성규탁, 2005; 2017; Sung 2009).

"윗자리를 제공해서 감사하며 존경함"이 가장 빈번히 지적되었고. 2번째는 "먼저 대접해서 감사하며 존경함", 3번째 "음식을 대접해서 함", 4번째 "선물을 해서 함", 5번째 "인사를 해서 함", 6번째 "존댓말로 함", 7번째 "생일축하로 함", 8번째 "돌봄으로써 함"의 순위이다.

위의 8가지 방식이 한국의 문화적 맥락에서 실행되는 데 대해 간략히 해설하고자 한다.

감사하며 존경하는 방식

1 "윗자리"를 제공함
2 "먼저 대접"함
3 "음식 대접"을 함
4 "선물"을 함
5 "인사"를 함
6 "존댓말"을 함
7 "생일축하"를 함
8 "돌봄"을 행함

감사하며 존경하는 방식: 해설

'윗자리'를 제공함

[방식 1]

윗자리를 제공해서 감사하며 존경하는 방식이다. 따뜻한 방, 난로 옆자리, 시원한 자리, 편리하고 도움이 되는 곳을 제공해 드리고, 명예로운 역할, 예로 모임에서 사회를 하고 식장에서 주례하도록 모셔 감사를 표한다.

감사하며 존경할 분에게 윗자리를 제공하는 것은 오래된 우리의 생활예절이다. 예(禮)를 지키고 의식(儀式)과 형식을 중요시하는 동아시아의 문화적 관습이다.

'먼저 대접'함

[방식 2]

도움, 편의, 차나 음식을 먼저 대접하고, 승강기 또는 방에 먼저 들어가고 나오도록 하고, 자리에 먼저 앉도록 하고, 서비스나 돌봄을 먼저 제공하는 방식이다.

오랜 문화적 관습으로 되어와 부모, 선생, 윗사람에게 하는 관습으로 이어지고 있다. 모름지기 사람을 사랑하고 존중하는 인애(仁愛)에 기틀을 둔 방식이다.

'음식 대접'을 함

[방식 3]

음식을 대접해서 감사하며 존경하는 방식이다.

음식 대접도 역시 오래된 우리의 문화적 관습이고 사회적 예이다.

감사, 존경할 분의 식성과 기호에 따라 음식을 장만하여 대접해 드린다. 음식 대접은 정성껏 해 드리지 않으면 예가 되지 못 된다. 즉 따뜻한 정이 깃들어야만 한다.

'선물'을 함

[방식 4]

물질적 선물-돈, 의복, 음식, 생활용품 등-이나 비물질적 선물-편의, 혜택, 명예로운 역할 등-을 드리는 방식이다.

선물은 감사와 우의의 표시임은 물론 상대편을 원조하는 뜻을 품고 있다.

이 방식도 우리 사회에서 오랜 세월을 두고 행해져 온 관습이다. 감사와 존경을 표상하는 인(仁)에 바탕을 둔 것이다.

생활 수준이 높아지고 잘살게 됨에 따라 이 방식은 과거보다 더 자주 더 많이 사용하는 추세이다.

우리는 집안 어른, 윗사람, 선생을 만날 때 이분들이 베풀어 준 은혜를 되새겨 무엇 도움이 되는 것을 해 주거나 선물을 해야만 하는 심정, 주지 않으면 유감되고 마땅치 못하여 후회하는 성향이 있다.

우리 사회에서는 선물하는 일이 매우 잦다. 선물을 받는 사람은 이를 갚기 위해 준 사람에게 선물함으로 선물교환 활동이 많아진다.

고령자는 돈을 포함한 쓸모 있는 물건을 선물로 받는 것을 매우 고맙게 여긴다. 그뿐만 아니라 애정이 담겨있는 카드, 꽃, 전에 찍은 사진, 건강에 관한 책 등을 받는 것을 좋아한다.

사람을 처음 만날 때는 선물을 가지고 가면 우정으로 만나는 자세를 취할 수 있고, 개인적 및 직업적 관계를 시작하는 데 도움이 될 수 있다.

선물로서는 내가 사는 고장의 표시가 들어있는 토산품이나 고장의 로고(logo)가 박혀 있는 물건이 적당하다.

선물은 질이 좋은 것이라야 하지만, 너무 값비싼 것이면 적당치 않다. 왜냐하면, 받는 사람에게 부담을 주기 때문이다. 그 사람도 그만큼 비싼 것을 나에게 선물하게 만드는 것이다.

선물은 전달하고 나면 받은 사람이 그것을 바로 개봉하지 않는다. 손님이 가고 난 뒤에 혼자 열어보는 것이 관례이다.

여러 사람에게 선물을 할 때는 윗사람에게 값이 더 있는 것을 먼저 주고 아래 사람에게는 비슷한 물건이라도 값이 좀 싼 것을 주는 것이 관례이다.

선물은 잘 포장해야 한다. 밝은 색 포장지를 사용한다. 노란색, 검은색 및 붉은색(중국은 제외) 포장지는 사용하지 않도록 한다.

작은 공예품, 책상 위에 둘 수 있는 기념품, 꽃, 과일, 케이크, 양질의 주류, 초콜릿이 좋다. 여자에게는 술을 선물하지 않는다.

칼과 가위를 선물로 하지 않는다. 이런 것은 서로의 관계를 끊는 것을 상징한다. 녹색 모자, 빨간색의 글자가 들어있는 것, 4자를 상징하는 것은 죽음을 의미하기 때문에 금물이다.

〈일본 사람의 경우〉

선물하는 것은 일본문화 깊숙이 스며들어 있는 에티켓이다. 처음 만날 때는 거의 관습적으로 선물을 주고받는다. 현금을 주는 것은 좋아하지 않는다. 현금은 결혼식이나 장례식에서 준다.

방문이 다 끝난 뒤 그 집을 떠날 때 선물을 전한다. 일본에서는 선물을 받고 나서 바로 여는 것은 실례이다.

공무나 사업목적으로 방문하는 경우는 주거지나 근무처의 로고나 표시가 들어있는 물건을 선물하는 것이 좋다.

일본인은 일반적으로 값비싼 물건을 선물하지 않는다. 선물을 받고 답례로 상대편에게 선물할 때는 받은 선물의 값보다는 좀 싼 값의 것을 골라 하는 것이 좋다. 그가 나에게 더 좋은 것을 주었다는 겸손한 태도를 보이려는 것이다.

상대의 지위와 신분에 비등한 질과 값이 있는 것을 선택하는 것이 좋다. 주고 난 뒤에 지위가 낮은 사람에게 준 선물과 높은 지위의 사람에게 준 선물이 같은 것을 알게 되면 실례가 된다. 우편으로 보내지 말고 직접 만나 인간적인 접촉을 통해서 주도록 한다.

선물을 주고받을 때는 두 손으로 하는 것이 예의이다. 선물은 받고 나서 혼자 있을 때 개봉한다.

선물은 색이 있는 종이로 포장해서 준다. (흰 종이로 해서는 안 된다. 흰 종이는 죽음을 뜻한다) 일본사람들은 화창한 색을 좋아하지 않는다. 될 수 있으면 방문자가 사는 고장의 산물이라는 표시가 달린 선물을 그 고장의 표시가 있는 포장지로 포장해서 주는 것이 좋다. 선물을 포장하는 데 신경을 써야 한다. 가벼운 색의 포장지를 사용한다. 검은색, 흰색, 회색, 요란한 색의 포장지는 사용하지 말도록 한다.

일본에서는 일 년에 두 번 상여금을 받는데 이때 선물을 교환한다. 여름철(오시애보)과 연말(오추갠)이다.

선물을 고를 때 4자나 이 글자가 그려진 것은 고르면 안
된다. 4자는 죽음(死)과 같은 음을 내며 9자는 불행을 상징
하는 글자로 본다. 일본사람들은 4자를 매우 회피하기 때
문에 병원에도 4자가 든 병실이 없다.

병원에 문병하러 갈 때는 실과나 꽃을 가지고 가는 것이
좋다. 그러나 백합, 연꽃, 동백꽃은 피하도록 한다. 이 꽃들
은 장례와 관련되기 때문이다. 화분의 나무도 불운을 의미
한다. 화분의 나무는 병이 나면 그 병의 뿌리를 깊이 한다
고 믿는다.

〈중국 사람의 경우〉

중국에서는 사람을 처음 만날 때 반드시 선물할 필요는
없지만, 간단한 물건을 준비해 가는 것이 좋다. 자기가 사
는 지방의 특산물, 근무하는 회사나 단체의 로고가 박혀
있는 펜이나 컵, 문진, 공예품 같은 것을 선물할 수 있다.
지나치게 값진 선물은 상대편을 당황하게 하거나 난처하게
만든다. 즉 상대편에게 그런 비싼 것을 나에게 선물할 의
무를 지게 하기 때문이다. 모임에 참석할 때 선물을 가방
안에 넣어 가지고 가서 상대편으로부터 선물을 받으면 바
로 선물할 준비를 하도록 한다. 중국에서는 선물을 포장하

는 데 붉은 색깔 종이를 사용하는 것이 좋다.

선물을 받는 사람은 처음 1~2분 동안 두세 번 사양한다. 중국 사람들의 겸손과 사양의 문화적 가치를 반영하는 몸짓이다. 내가 선물을 받을 때도 이런 겸손한 태도를 보이는 것이 예이다.

탁상시계, 손수건, 회색 꽃은 선물로 하지 말아야 한다. 이런 것은 죽음과 연관이 있는 것으로 본다. 또한 가위, 칼, 기타 끊는 도구는 관계를 끊는 뜻을 품고 있어 선물로 하지 말아야 한다. 이런 관습도 남에 대한 염려와 이타적인 가치의 표현이라고 볼 수 있다.

8자가 표시된 선물을 받으면 행운이 온다고 고맙게 여긴다.

선물을 받으면 바로 열어보지 않고 나중에 혼자 열어본다. 이 점 받으면 바로 열어보는 서양사람과 다르다. 주는 사람과 받는 사람에게 조금이라도 마음을 거북하게 하지 않으려는 겸손에서 오는 행위이다.

선물은 포장하는 것이 관례이다. 그 이유는 받는 사람이나 주는 사람이 주고받는 선물이 값이나 질에서 차이가 나면 서로의 체면을 손상할 수 있기 때문이다. 겸손과 양보의 미덕을 나타내는 관습이다. 포장지는 금색과 붉은색을 좋아한다. 검은색과 흰색은 피하도록 한다.

〈기타 나라들의 경우〉

서양사람은 일반적으로 동아시아 사람같이 의식적이고 의례적으로 선물을 교환하지 않는다.

영국, 독일, 불란서, 이태리, 스웨덴 등 거의 모든 유럽 나라 사람들은 다른 사람으로부터 선물을 받기를 기대하지 않는다. 받아도 되고 아니 받아도 되는 것이다.

다만 생일, 크리스마스, 세례식, 결혼 때에는, 초대주가 손님에게 선물한다. 그리고 초대를 받은 사람은 꽃(여성에게)과 포도주(남자에게)를 가지고 간다.

유럽 사람들은 시장에 많이 나도는 물건을 선물로 받는 것을 싫어한다.

유럽에서 우리 동아시아 사람이 식사나 연회에 초대를 받아 갈 때는 값진 물건이 아닌 평범하고 단순한 것으로서 출신지 또는 출신국의 기념표시가 들어있는 물건을 선물하는 것이 예를 표하는 데 알맞다고 본다. 그런 물건이 없을 때는 포도주나 초콜릿 같은 것을 선물하면 된다. 중요한 점은 성의껏 호의적으로 하는 것이다.

러시아에서는 선물로 노란색 꽃과 짝수의 꽃다발은 죽음을 상징하기 때문에 금물이다.

이슬람 문화권에서도 선물을 중요시한다. 조심할 점은 만나는 사람의 부인에게는 선물하지 않는다. 고가의 선물은 피한다. 같은 이슬람 문화권인 인도네시아에서는 선물로 우산을 주면 다시는 보고 싶지 않다는 뜻이 된다. 우수 (두 자릿수)가 붙은 선물을 좋아한다. 두 손으로 선물을 주고받으며 받을 때는 겸손하게 사양을 하고서 받는다.

인류가 사회생활을 시작했을 때부터 있었을 것으로 추정되는 선물교환은 앞으로도 중요한 에티켓으로 존속할 것으로 본다. 요즘 우리 사회에서 자주 보도되는 뇌물사건을 보나, 보다 올바른 선물 방법을 슬기롭게 개발해서 예에 어긋나지 않게 실용할 필요가 있다.

'인사'를 함

[방식 5]

인사는 감사하고 존경할 분을 만나 제일 먼저 하는 행위이다. 우리 문화에서 중요시하는 체면, 겸손, 예의가 합성되어 이루어지는 방식이다.

사회생활에서 첫째가는 조건으로서 인사성이 밝은 것을 치고 있다. 인사는 예(禮)를 행하는 데 있어 기본이 된다. 예란 사람이 마땅히 행해야 할 올바른 행동을 지정한 사회적 규약이다.

절을 하거나 두 손을 합장해서 인사한다.

"안녕하십니까", "만나 뵙게 되어 반갑습니다", "댁내 평안하십니까", "도움을 주셔서 감사합니다"와 같은 인사말을 한다. 헤어질 때도 "요사이 날씨가 고르지 못하오니 건강에 유의하십시오", "머지않아 또 만나 뵙게 되기를 바랍니다"라고 정중하게 인사한다.

아침, 점심, 저녁 시간이 지나면 "진지 잡수셨습니까"라고 인사한다. 식사했느냐를 알기 위해서 묻는 것이 아니라 보통 하는 인사말이다.

어른도 젊은 사람에게 "건강히 잘 있는가," "만나서 반갑네," "자네 집안이 두루 평안하신가," "무리를 하지 말고 쉬도록 하게," "자네는 어려운 이웃을 도와주고 있어 참으로 훌륭하네," "가까운 장래에 또 만나세"와 같은 인사를 하며 그를 만날 때와 헤어질 때 존중한다는 뜻을 전할 수 있다. 만나는 사람에게 나의 감정과 느낌을 표시하지 않고 겸손하게 참으며 대한다.

인사가 끝나 대화를 통해 교환하는 과정에서 상대편과 나 자신의 체면을 유지하려고 무한 애를 쓴다. 우리는 세계에서 체면을 가장 중요시한다고 한다. 체면을 지킨다는 것은 사회관계에서 예의 바르고 규범적인 행동을 하여 자존감과 품위를 높이려는 욕구를 반영하는 것으로 본다.

절

전통적인 인사방법은 절을 하는 것이다. 남자는 흔히 절과 악수를 동시에 한다. 존경을 표시하기 위해서 왼손을 오른손에 겹쳐 악수한다. 여자는 고개를 약간 숙여 인사하고 악수는 하지 않는다. (서양 여자는 남자에게 손을 내밀며 악수하도록 한다.)

처음 만나는 사람에게 이름을 알릴 때는 성을 먼저 알려야 한다. 아직 친숙하지 않은 사람을 부를 때는 그분의 이름 다음에 칭호-부장님, 선생님, 과장님, 기사님 등-를 붙여서 부르는 것이 예이다.

(참고: 요사이는 아주 높은 지위에 있는 사람이 아니면 흔히 이름 앞에 Mr., Mrs., Miss를 붙여 부른다.)

몸짓

인사할 때 친한 사람이 아닌 상대편 몸에 손을 대면 실례가 된다. 윗사람/고령자를 똑바로 바라보는 것은 삼가는 것이 좋다. 가볍고 짧게 쳐다보도록 한다.

앉아 있을 때 발은 반듯하게 하고 있어야 한다. 두 발을 마루 위에 디디고 앉아 있도록 한다.

물건을 주고받을 때는 두 손으로 한다.

사람을 가리킬 때는 엄지손가락으로 가리키면 안 된다. 손바닥을 아래로 하고 손으로 가리켜야 한다.

만날 때

약속 시각을 지켜야 한다. 약속 시각에 만나지 못하게 되면 늦어진다는 연락을 반드시 해야 한다.

처음 만날 때는 사업상의 모임에는 물론 사교적인 만남에도 여러 장의 명함을 가지고 가는 것이 좋다.

처음 만나 인사를 하고 나서 나에게 관심을 가진 데 대해 감사하고, 서로의 신뢰감을 돕고, 서로의 관계를 발전시켜 나갈 수 있다. 이런 때는 어려운 과제나 신경을 쓰게 될 이야기는 삼가는 것이 좋다.

헤어질 때도 상대편에게 절이나 악수를 한다. 만나서 서로의 관계가 좋아졌다고 느끼면 헤어질 때 몸을 많이 숙여 감사를 표하는 절을 한다.

인사의 보기

자기를 소개하는 경우를 들어보자.

첫인사를 할 때는 보통 다음과 같은 말을 한다.

"안녕하십니까."
"저는 김문식입니다."
"잘 부탁드립니다."

어른 앞에서는 자기를 '저'라고 부른다.

상대를 부를 때는 그의 직책이나 직급을 알면 보통 '님'을 붙여서 부른다(예: 박 선생님, 조 과장님, 이 기사님). 모르는 분에게는 '어르신'. '부인', '선생님'을 붙여 부른다(예: 남 어르신, 송 부인, 장 선생님).

부드럽고 나지막한 소리로 존중하는 표정으로 부른다. 그리고 온화한 얼굴로 따뜻한 느낌을 주도록 한다. 요즘에는 선생이나 어른을 만나면 악수를 하면서 절을 한다.

사람을 만날 때는 공사를 막론하고 명함을 준다.

명함은 두 손으로 글자를 상대편이 읽을 수 있도록 건넨다. 그리고 내가 받는 명함도 두 손으로 받아 읽어 보고 책상 위에 놓아둔다. 바로 명함케이스에 넣지 않는다.

인사를 한 후 자리에 앉아 이야기할 때 비스듬히 앉아 있거나 턱을 괴고 있는 것은 실례가 된다.

다음에 세계적으로 인사성이 가장 밝다는 일본사람이 인사하는 방식과 중국 사람이 인사하는 방식을 간략히 알아보고자 한다.

〈일본 사람의 경우〉

일본사람은 인사를 할 때 먼저 절을 한다. 흔히 절을 하고서는 악수를 한다. 윗사람에게는 고개를 깊이 숙이고 절을 한다. 전화할 때도 보이지 않는 상대편에게 절을 한다.

만나는 사람이 나에게 절을 하면 나도 그에게 몸을 굽혀 절을 한다. 굽히는 정도가 서로 간의 관계 깊이를 의미한다. 절을 하면서 눈을 아래로 보고 한다.

상대편의 지위나 권한을 잘 모를 때는 그가 나에게 절을 하는 각도보다 약간 더 낮게 절을 한다. 절을 할 때 두 손은 옆으로 하고 한다, 여성은 두 손을 앞으로 모아 한다.

자기소개

일본사람은 자신을 소개할 때, 자기의 이름 다음에 "데스" 또는 "또 모시마쓰"를 붙인다. "김부식 데스" 또는 "김부식 또 모시마쓰"(나는 김부식이라고 합니다)라고 한다. 그리고는 "도조 요로시꾸 오네가이 시마쓰"(잘 부탁합니다)라고 덧붙인다. 친절하고 겸손한 인사말이다.

이름과 칭호

우리와 같이 성을 이름보다 먼저 말한다. 가까운 친구가 아니면 성을 불러야 한다. 언제나 이름 다음에 칭호를 붙인다. 예로 성 다음에 "산"(존칭)을 붙여 "나까무라-산", "김-산"이라고 부른다. 선생과 의사의 이름 다음에는 "센세이"를 붙인다. 예로 "하또야마 센세이"(하또야마 선생님). "박 센세이"(박 선생님)라고 한다. 그러나 나 자신의 이름 다음에는 '산'과 '센세이'를 붙이지 않는다.

감정표시와 웃음

일본사람도 노여움, 실망, 슬픔과 같은 감정을 솔직하게 표시하지 않고 흔히 웃음으로 대신한다. 상대편의 체면을 손상하지 않고 대결을 피하려는 행동이다. 겸손과 사양을 나타내는 행위이기도 하다. 일본사람의 대인관계에서 흔히 볼 수 있는 일본식 에티켓이다.

처음 만날 때는 다음과 같은 절차를 밟는 것이 상례이다.

* 절을 한다
* 절을 하고 난 뒤 바로 악수한다.
* 상대편의 눈을 접촉한다(그러나 오랫동안 또는 몇 번이고 접촉하지 않는다.
* 자기를 소개한다.
* 명함을 두 손으로 준다
* 존칭을 사용한다. 사마(樣), 상, 센세이(先生), 가이쬬(會長) 상, 가쬬(課長) 상, 하까세(博士) 사마 등을 성(姓) 다음에 붙여 부른다 (예: 무라야마 사마, 야마다 상, 가와시마 센세이, 다나까 하까세 사마).
* 예의 바른 말을 한다
* 식탁/회의장 예절을 지킨다
* 같이 모이는 사람들의 차이점(문화, 종교, 나이, 교육 등)을 수용한다
* 자기 통제를 한다
* 식사나 연회에 초청되었을 때 손님으로서 주인 맞은편에 앉는다(보통 초대자가 지정한다).
* 무엇을 먹으면서 말하지 않는다

일본 사람과 절

여러 가지 목적으로 절(오지기)을 한다. 만나서 인사할

때, 처음 사람을 만날 때, 감사할 때, 미안하다고 할 때, 어떤 부탁을 할 때 절을 한다. 이렇게 여러 가지 의도로 절을 한다. 서양사람을 만나면 상대편을 편안하게 하려고 악수를 한다.

이들은 일반적으로 세심한 성품을 가지기 때문에 방문자는 인사하는 데 신경을 써야 한다.

상대편이 같은 지위나 직급에 있는 사람일 때는 절을 할 때 그가 하는 바와 같은 높이로 허리를 굽히면 된다. 상대편이 자신보다 높은 지위에 있으면 그 사람보다 허리를 더 굽혀서 절을 한다. 그리고 상대편이 어느 지위에 있는지를 모를 때는 그 사람보다 약간 더 허리를 굽혀 절을 하도록 한다. 절을 할 때는 눈을 위로 쳐다보지 말고 아래를 보면서 한다. 남자는 두 손을 몸 옆에 대고 하고 여자는 두 손을 몸 앞에 대고 한다.

겸손과 감정억제

초대한 주인이 먼저 말을 꺼내 대화를 시작하도록 하는 것이 좋다. 겸손은 매우 중요한 일본사람의 가치이다. 자기를 칭찬해 주어도 별로 응답이 없다. 겸손해서 칭찬을 받을 자격이 없다는 표시이다. 감정을 억제하는 것이다. (서양사람들과 달리) 흔히 다음과 같은 질문을 한다. 나이가 몇인가, 결혼했는가, 아이들을 가졌는가, 체중이 어느 정도

인가, 어느 학교를 졸업했는가 등 개인적인 사정에 대한 질문이다.

이런 질문은 상대편과 나와의 유사점 또는 차이점을 파악하여 상대편을 더 잘 알고 더 친밀한 관계를 만들어나가기 위한 사전준비라고 보면 된다.

이 질문에 대답할 의사가 없으면 미소를 지으면서 응답하지 않으면 된다.

그리고 극장표, 음악회 표, 경기장 입장표 등에 대해서 문의하지 말아야 한다.

일본사람은 우리와 같이 위계적이고 상하 계층의식이 강한 편이다. 나이가 많고 지위가 높은 사람은 대개 말이 적으며 모임 또는 식사가 끝날 때까지 말하지 않는 수가 있다. 그런데 높은 지위에 있는 사람은 차를 제일 먼저 마시는 경우가 많다.

상대편이 10분 또는 그 이상 침묵하고 말을 하지 않아도 기다려야 한다. 흔히 깊이 생각하는 사람은 말을 하지 않는다. 눈을 감고 있으면 조심해서 말을 들으려고 그러는 것으로 보아야 한다. 혹은 품위를 유지해서 리더로서의 체면을 지키려는 의도로 그러는 것이라고 볼 수도 있겠다.

술이나 차 같은 음료수는 상대편이 부어 주도록 기다려야 한다. 내가 내 잔에 붓지 않는다.

조심해야 할 점은 모임에서는 모인 사람 중 누가 어른인

가를 재빨리 알아차리고 그 어른을 대접하는 것이 현명한 짓이다. 모인 사람 중의 윗사람은 명함을 보고 알 수 있고, 찻잔을 다른 사람들보다 먼저 드는 것을 보고 알 수 있고, 사람들 가운데서 제일 조용히 있는 사람일 수 있고, 모임 끝까지 아무 말도 아니하는 사람일 수 있다.

존댓말

일본의 높임말은 세 가지로 나눌 수 있다. 즉 존경어(尊敬語), 겸양어(謙讓語), 친절어(親切語)이다.

'존댓말(존경어)'은 상대편 사람, 그의 행동이나 상태를 직접 존중하는 말이고, '겸양어'는 나 자신의 것, 또는 나의 편에 속하는 것(내 가족, 나의 직장, 나의 업적 등)에 대해서 낮추어 말해서 상대편을 치켜 올리는 말이며, '친절어'는 친절하게 하는 말이다.

명함

일본사람도 명함을 많이 사용한다. 처음 만난 사람에게 자기를 소개할 때는 자신의 명함(business card)을 준다. 명함은 성명과 연락처는 물론 소속단체와 지위 및 맡은 바 책임과 의사결정권을 알려 주어 자신을 소개하는 역할을 한다. 공식적인 교환에서는 이런 정보를 알려 주면 상대편에서도 나와 비슷한 지위와 권한을 가진 사람이 나서서 교환하게 된다. 명함은 여러 장 준비해 가도록 한다. 일본어로 번역하여 인쇄해서 가지고 가는 것이 현명하다. 이제는 인쇄가 빨리 되기 때문에 도착지의 호텔관리인에게 부탁해서 마련할 수 있다. 명함은 중요한 역할을 하므로 조심스럽게 준비하고, 받은 명함은 잘 보관해 두어야 한다.

〈중국 사람의 경우〉

중국에서는 절(어깨를 굽혀서)을 하는 것이 사람에게 인사하는 대표적 방식이지만 서양사람에게는 악수로 대신한다.

중국인은 인사할 때 흔히 머리를 숙이거나 머리를 끄덕이며 묵례를 한다. 한국과 일본에서와 같이 허리를 굽혀 절을 하지 않는다.

중국문화에서는 감정을 억제하는 것이 중요하다. 동아시아 문화의 특징이라고 할까, 중국 사람은 감정을 표시하지 않는 습성이 있어 만날 때 웃지 않는 경우가 많다. 중국 사람을 처음 만나는 사람은 이렇게 감정을 나타내지 않는 성향이 있음을 이해해야 한다. 동아시아 사람들의 공통적인 성향이다,

인사할 때는 나이나 지위가 높은 사람에게 먼저 하도록 한다. 형식을 중요시하기 때문에 이름을 부를 때 조심해야 한다. 부를 때는 반드시 성을 먼저 불러야 한다.

예로 Mr. 장진궈, Mrs. 진양미와 같이 성(장, 진)이 먼저이고 이름(진궈, 양미)이 뒤따른다. 그리고 상대편의 사회적 호칭을 알면 그 호칭을 붙여 성과 이름을 부르는 것이 옳다. 예로 진양미 사장, 장진궈 회장, 우방휘 교수와 같이 부른다.

중국 사람은 인사할 때 흔히 "식사를 했습니까"라고 묻는다. 이 인사는 우리의 경우와 같이 무엇을 먹었느냐고 질문하는 것이 아니라 사람을 만나면 하는 보통 인사말이다.

사회적 지위와 대접

중국 사람은 위계적이고 통제된 사회체계 속에서 살고 있어 지위와 계급이 높은 사람을 먼저 대접한다. 우리보다는 사교 상의 움직임이 좀 느린 편이다. 중국에 가서는 이런 문화적 습성을 존중하여 그들이 하는 식을 따라 인사하고 자리에 앉고, 대화하는 것이 예의이다.

여러 사람이 함께 중국을 방문할 때는 방문자들 가운데서 (나이나 지위가 높은) 대표를 선정해서 대변인으로 내세워 중국 편의 대표와 대화하도록 하는 것이 자연스럽다. 서양사람은 함께 있는 사람들에게 발언권을 나누어 대화하지만 중국 사람은 낮은 지위에 있는 사람은 말을 하지 않기 때문에 지위가 낮은 사람이 발언하지 않는 것이 어울린다.

대화할 때 "그것은 좀 불편하다", "자세히 모르겠다", "그럴지도 모르겠다" 같은 말을 할 경우는 그 말의 뜻이 "아니오" 또는 "No"와 가까운 것으로 보면 된다. 상대편에게 No 라는 말을 솔직히 해서 마음의 상처를 입히지 않음으로써 그의 체면을 지키려는 것이다. 중국 사람도 체면의식이 우리와 같이 강하다.

만나기 전에 먼저 명함을 준비하는 것이 좋다. 명함에 적혀있는 지위와 자격에 따라 대접하는 것이 달라지고 의견을 존중하는 정도가 달라진다. 명함은 여러 장 가지고 가도록 한다. 중국어로 번역해서 명함 뒷면에 인쇄해 두면 편리하다.

명함은 두 손으로 주고 두 손으로 받는 것이 예절이다. 명함을 받으면 들여다보고 확인을 하는 태도를 보이는 것이 예의이다. 책상에 앉아 있을 때는 받은 명함을 책상 위에 두고 본다. 서 있을 때는 명함 철에 정중히 꽂아 둔다.

위와 같이 동아시아에서는 일반적으로 만날 때 절을 하지만 악수를 하는 풍습이 널리 퍼져 있다. 만나는 사람들의 계급, 지위, 서열을 재빨리 파악해서 그 순위에 따라 악수해야 한다. 악수한 다음에 명함을 준다.

인사는 기본적으로 만나는 사람들끼리 정중하게 우의(友誼)를 표하고 서로 섬김의 뜻을 나타내며 서로에 대한 도움에 감사하는 예절이다.

동아시아 3개국의 경우는 위에 소개한 바와 같이 차이보다도 공통점이 더 많다. 국제적 사교 세팅과 다문화사회에서는 문화적 차이를 이해하고 수렴해서 해당하는 문화에 맞는 예의를 지켜야 한다.

'존댓말'을 함

[방식 6]

대화할 때와 서신을 할 때 감사하고 존경할 분에게 존댓말을 사용하는 방식이다

존댓말 사용은 동아시아의 문화적 가치 ― 감사, 보은, 겸손, 순종 등 ― 가 종합되어 이루어지는 예라고 할 수 있다.

우리 문화에서는 존댓말이 다양하고 복잡하다. 표현하는 방식이 상대의 신분과 주변 상황에 따라 달라진다.

부모님을 비롯한 어른에게 하는 것, 선배에게 하는 것, 직장의 윗사람에게 하는 것, 경사 때 하는 것, 초상 때 하는 것이 모두 다르다.

존경을 나타내는 낱말, 구절, 문장도 존경의 정도와 존경할 대상에 따라 달라진다.

서양사람이 한국어를 배우는 데 가장 어려워하는 그것이 바로 존댓말을 배우는 일이다.

존댓말은 상대편에게 나를 낮춤으로써 그를 높여 주는

표현이다. 대하는 사람의 사회적 위치에 따라 표현이 달라진다. 이 표현은 우리의 계층의식, 겸손, 자기비하 그리고 존경과 은혜에 대한 감사를 나타내는 것이다.

우리말의 존경하는 표현은 낱말, 구절에 나타나며, 전치사와 후치사로 표현되고, 어미(말끝)와 어두(말 첫머리)에서도 나타난다. 문장 전체가 존경하는 내용으로 되어있는 예도 있다.

낱말

예: 말씀(말), 연세(나이), 진지(식사), 병환(병)

말끝(접미어)

예: 아버님(아버지), 선생님(선생), 아드님(아들), 기사님(기사), 과장님(과장), 여러분(모두), 친구분(친구), 내외분(내외), 형제분(형제),

아버님께서(아버지가), 선생님께서(선생이),

하십니다(한다), 주십니다(준다), 가십니다(간다), 입으십니다(입는다), 계십니다(있다),

하겠습니다(하겠다), 여쭈어 드리겠습니다(말해 주겠다), 전해 드리겠습니다(전하겠다), 올릴 말씀이 있습니다(할 말이 있다).

호칭

어른을 부를 때 그분의 이름 다음에 그분의 호칭(부인, 선생님, 여사님, 박사님, 반장님, 회장님, 과장님, 선배님, 기사님 등)을 붙인다.

나를 낮추는 표현

주로 나 자신과 내 가족, 나의 편에 속하는 사람들에 대해서 낮추는 말을 사용하여 상대편을 상대적으로 높이는 표현이다.

이런 표현은 우리의 독특한 문화적 관습이고 언어예절이다. 서양문화에서는 보기 드문 것이다. 다음은 이런 표현의 예이다.

돈아(豚兒: 나의 돼지 같은 아이), 폐사(弊社: 나의 값이 없는 회사), 졸작(拙作: 나의 보잘것없는 작품), 아이놈(나의 대단치 않은 아이), 집사람(내 집만 지키는 처), 조품(粗品: 내가 주는 값없는 선물)

대화할 때 유의할 점

가족관계 및 사회관계에 따라 부르는 호칭(예: 아버님, 여사님, 과장님 등)이 달라야 한다.

어른을 직접 부를 때, 돌아가신 어른을 부를 때, 나 자신을 어른에게 말할 때 그 호칭이 각각 다르다. 그리고 아버지를 직접 부를 때, 다른 어른 앞에서 자기 아버지를 부를 때, 사돈어른을 부를 때, 직장의 윗사람을 부를 때, 모르는 어른을 부를 때 각각 그 호칭이 달라야 한다.

가장 흔히 사용되는 호칭으로서 아버님, 어머님, 선생님, 부인, 박사님, 위원장님, 과장님 등을 들 수 있다. 어른에게는 이런 호칭을 사용하는 것이 옳다. 그리고 이러한 호칭을 사용하는 데도 상대편을 존경하는 의미가 담긴 목소리로 해야 한다. 즉 언어예절을 지켜야 한다.

젊은 사람을 존중하는 말

부모와 어른이 자녀와 젊은 사람과 똑같은 존댓말을 사용할 수는 없으나 젊은 사람을 존중하는 뜻이 담긴 표현은 흔히 사용한다. 예를 들어 '군', '양'을 성 다음에 붙여 부르고(김 군, 박 양), '미스터', '미스'를 젊은 사람의 이름 앞에 붙여 부르며(미스터 김, 미스 이), "이렇게 해 주기를 바랍니다(또는 바라네)", "여러분들의 노고에 감사하오", "김 양/김 군 생일을 축하하네", "이 문제에 대한 자네 의견은 어떤가?" 등 표현을 하는 것은 젊은 상대를 존중하는 뜻이 포함되어 있다. 기성세대는 앞으로 이러한 젊은 세대를 존중하는 표현을 더 많이 사용해야 하겠다.

높임말을 쓰는 데 있어 또 한 가지 유의할 점은 어른이 알아듣기 쉽도록 말하고 고운, 교양 있는 말을 해야 한다.

오늘날 산업화된 사회에서도 어른에게 높임말을 사용하는 예의를 서양사람은 주로 어른의 성(姓)과 호칭(선생, 부인, 박사, 목사/신부, 의장, 위원장 등)을 붙여서 부르는 데 그치지만, 한국과 다른 동아시아 나라 사람들은 위와 같이 다양한 높임말을 쓴다. 우리들의 언어 속에는 감사하며 존중하는 뜻과 표현이 스며 들어있다.

어른이 알아듣기 쉬운 말, 전문용어가 아닌 말, 일반 사람이 알아들을 수 있는 말을 사용해야 하며 존경하며 감사하는 마음이 말 속에 담기도록 조용하며 부드럽고 정확하게 말해야 한다.

부모님과 어른과 대화할 때 유의할 사항들을 몇 가지 적어 보겠다.

고령의 분들은 일반적으로 말하는 것이 더디고 한 말을 되풀이하며 어떤 점에 대해 길게 이야기하는 경향이 있다. 어른이 말하는 것이 답답하고 지루하여도 그분을 존경하는 뜻에서 인내심을 가지고 긍정적으로 이를 받아들이며 다음 사항에 유의하면서 대화하는 것이 옳다.

* 먼저 대화를 할 분에게 정중히 인사하고 용건을 말한다.
* 부드러운 말씨로 조용하게 말한다.
* 쉬운 말로 천천히 조리 있게 말을 이어 간다.
* 어른이 말할 때 귀를 기울인다.
* 어른이 하는 말을 이해하기 위해 노력한다.

* 어른이 말하는 도중에 끼어들지 않으며 어른이 말을 끝내기를 기다린다.
* 질문할 때는 그분의 양해를 정중히 구한다.
* 대화 도중 자리를 떠야 할 때는 양해를 구한다.
* 어른의 청력을 파악해서 내가 할 말의 크기와 속도를 조절한다.
* 대화할 요건을 미리 정리해서 가능한 한 짧게 대화한다.
* 대화를 마치면 끝낸다고 말한 다음 인사를 하고 자리를 떠난다.

고령자는 청력이 약해져 다른 사람의 말을 명확히 듣지 못하는 경우가 많다. 대화할 때는 그분이 어느 정도 다른 사람의 말을 들을 수 있는가를 파악해야 한다.

우리는 서양 사람과 달리 인사를 하고 나면 상대편의 개인적 신상(나이, 종교, 출신학교, 혼인상태 등)을 묻는다. 그 이유는 내가 그분에게 감사해야 할 정도, 존경해야 할 정도, 대우해야 할 정도를 파악하기 위해서 묻는 것이다.

"아니오", "안됩니다" 등 부정적인 표현은 잘 사용하지 않는다. 우리는 당혹함, 충격, 노여움을 웃음으로써 감추는 성향이 있다. 우리의 문화적인 관습이다.

존댓말(높임말)의 구분

존댓말은 세 가지로 나눌 수 있다. 존경어(尊敬語), 겸양어(謙讓語) 및 친절어(親切語)이다.

존경어는 상대편 사람과 그의 행동이나 상태를 직접 존

중하는 말이다.

겸양어는 자신의 것과 나의 편에 속하는 것(예: 내 가족, 나의 직장, 나의 업적 등)에 대해서 낮추어 말하여 상대적으로 상대편을 치켜 올리는 말이다.

친절어는 말을 친절하게 하여 상대편에게 경의를 표하는 말이다.

겸양어

拙文, 拙者, 拙稿, 粗品, 弊社, 愚息, 小生, 微力 등

존댓말을 사용하는 것은 존경과 감사를 표하는 예이다. 어른도 젊은 사람을 존중하는 경우가 흔히 있다. 즉 젊은 사람에게 칭찬을 해 주고 감사의 마음을 전하는 것이다.

서양문화에서 통용되는 존댓말은 주로 호칭을 사용하는 데 지나지 않아 동아시아 사람이 사용하는 다양하고 세별된 존댓말과 대조가 된다.

한국어를 비롯한 동아시아 언어에는 감사를 표하며 존경하는 말이 들어박혀 있다. 단어뿐만 아니라 구절, 문장, 글전체 속에 존경하는 뜻이 들어있다. 동서양의 문화적 차이가 존댓말 사용에서 뚜렷이 나타난다.

'생일축하'를 함

[방식 7]

2,500여 년 전에 공자는 부모의 탄생일을 잊지 않아야 하며 이날에 부모 은혜에 감사하며 축하해야 한다고 했다.

> "자녀는 부모의 연세를 늘 기억하지 않으면 안 된다. 한편으로는 오래 사시는 것을 기뻐하고 한편으로는 연로하신 것을 두려워해야 한다."

부모님을 비롯한 가족원, 그리고 친근한 분들의 생일을 맞이하여 그분들의 도움에 감사하며 경의와 애정을 표하고 우정과 친근함을 더하여 앞으로 건강하게 잘 살도록 소원하는 뜻이 들어있는 존경방식이다.

생일축하는 동아시아 문화뿐만 아니라 거의 모든 문화에서 행해지는 공통된 예이다. 다만 종교적으로 생일축하가 금지되고 있는 일부 사회, 예로 사우디아라비아 같은 이슬람 국가는 예외이다.

가족 행사 가운데서 부모의 60회(회갑) 생신은 전통적으로 중요하게 다루어졌다. 생명이 연장됨에 따라 70회(고희), 80회(팔순), 90회(졸수) 생신도 이제는 가족에 따라 60회 생신에 못지않게 정중히 축하한다.

생신 선물로 좋은 음식, 의복, 건강에 관한 책, 돈 등을 드린다.

생신은 한 해 더 고령이 되는 부모님에게 일생의 중요한 전환점이 되는 시점이다. 그래서 가족은 이때를 축하하는 겸 나이를 더하신 부모님의 은덕에 감사하며 이분들을 위로하는 뜻에서 축하 행사를 한다. 이렇게 축하하는 것은 그분들에 대한 존경과 애정 그리고 감사와 보은을 정서적이고 행동적으로 뚜렷하게 나타내는 과시적 효과가 있다.

부모님 생신뿐만 아니라 다른 가족원의 생일에도 부모님과 함께 서로 축하, 위로하며 서로 돌보는 데 대해 감사하는 행사를 한다.

나이가 아래인 가족원이 태어난 생일도 기쁜 날이다. 어린이의 생일, 소년의 생일, 젊은 성인의 생일도 가족원 모두가 함께 축하하는 날이다. 이들의 앞날을 축복하고 길러주신 부모님에게 감사하는 축일이다. 생일축하 파티를 열고 친구를 초청한다. 생일을 맞은 이들에게 의복, 일용품, 책, 운동기구, 돈 등을 선물로 준다.

무엇보다도 정성을 들여 너그럽게 축하하는 마음을 가져야 한다. 그럼으로써 참다운 축하의 표현이 자연스럽게 행동과 태도로 나타날 수 있다.

물론 가족원의 입학, 졸업, 승진, 출산 등 뜻있는 일을 축하하기 위해서 크고 작은 모임을 한다. 직장의 윗사람, 은사, 선배를 위해서도 축하 행사를 한다.

축하를 위해서는 준비를 잘해야 한다.

먼저, 행사할 날짜, 시간, 장소를 한두 달 전에 가족회의를 열어 정한다. 준비할 것들(음식, 어른과 아이들의 복장/옷, 초대장, 장소예약, 여흥, 축사 등)의 명단을 작성하고 준비작업에 들어간다. 초대할 분들(생일을 맞는 분과 가족의 친지, 동료 등)을 정하고 초대장 또는 전화로 정중하게 초청한다. 행사순서(식사-약력 소개-헌화-축사-헌수-축가-송시-여흥 등)를 정한다. 축사할 분도 정한다. 그리고는 행사를 위한 예산을 세운다.

요사이는 가정 바깥의 호텔, 회관, 기타 행사장에서 축하하는데 이런 행사장에는 행사담당자가 있어 이들이 일반적인 행사 진행방법과 절차를 알려 준다. 이런 절차를 내가 계획하는 행사의 특성에 맞게 조정할 수 있다.

회갑

환갑/회갑(60회 생신)에는 중요한 가족의 축하 행사가 열린다. 자녀들은 잔치에서 부모에게 경의와 감사를 표하고 장수를 축원한다.

회갑을 맞이한 부모를 방 한가운데 모시고 자녀는 연령 순으로 절을 한다. 자녀가 절을 하고 나면 부모의 형제, 조카, 친구가 절을 한다.

이런 예가 행해지는 가운데 전통음악이 연주되고 노래를

부르며 여흥도 하여 손님들이 음식을 즐기도록 권한다. 환갑을 지나고 10년 후에는 고희(70회 탄생일) 행사가 있다. 과거에는 이때까지 생존하는 어른들이 적었으나 요즘은 그 수가 많아져 고희를 축하하는 가정이 늘어났다.

생일축하로 하는 예는 시대가 바뀌어도 그 문화적 의의가 낮아지지 않으리라고 본다.

'돌봄'을 행함

[방식 8]

돌봄의 뜻

돌봄은 감사하고 존경할 분에 대한 관심과 경의를 품고 보살핌과 지원을 하는 것이다.

동아시아 문화에서 전통적으로 강조되는 가치는 인(仁)이다. 인은 사람을 넓고 깊게 사랑하며 존중하는 것이다. 인의 기본적인 가치는 측은지심(惻隱之心)으로 발현된다. 측은지심은 남을 딱하고 불쌍히 여기고 남의 어려움을 나누어 가지는 이타적인 가치이다.

사람을 돌본다는 것은 이러한 측은지심의 발로이다. 즉 그에게 관심을 가지고, 그의 인격을 존중하고, 그의 복리를 걱정해 주고, 그가 필요로 하는 것을 제공해 주며 그가 베푼 도움에 감사하는 것이다.

그래서 돌봄은 사람과 사람 사이의 바람직한 친사회적 관계를 유지하는 데 중요한 기능을 하며 인간관계, 사회관계를 끈끈하게 만드는 접착제 역할을 한다.

예의 가장 중요한 조건이 부모님을 비롯한 선생님, 사회 공헌자에게 감사하고 존중하며 돌보는 마음씨와 행동이다. 그런데 존중은 돌봄을 내포하고 있다.

〈내면적 차원과 외면적 차원〉

부모님에게 어떻게 효를 하면 좋겠냐고 한 제자가 공자에게 질문하자 그는 다음과 같이 말했다.

> "요즈음은 부모에게 음식만 제공하면되는 것으로 안다. 하지만 개와 말에게도 먹을 것을 주지 않는가. 부모를 존경하며 대접하지 않는다면 사람과 짐승 사이에 무슨 차이가 있는가"(논어, 2권, 7장).

위의 답변에 나타나듯이 공자는 물질적인 대접뿐만 아니라 마음에서 우러나는 내면적 존경이 중요함을 지적한 것이다. 사람의 마음과 몸을 함께 보살펴야 함을 가르친 것이다.

예기(상 1; 하 12)에는 부모를 정신적(내면적)이고 수단적(외면적)으로 돌보는 데 관해서 다음과 같이 구체적으로 기술되어 있다.

"아들은 부모를 즐겁게 해 드려야 하며 그분들의 의사에 어긋나는 언행을 해서는 아니 되며 이분들이 즐거운 것을 보고 듣도록 해야 하며 편한 잠자리를 제공해야 한다. 아침에 일어나면 아들 부부는 부모의 거실에 가서 문안을 드리고 공손한 말로 그분들의 의복이 따뜻한가 불편한 곳은 없는지 알아보고 만약 고통스럽거나 불편한 점이 있다고 하면, 이를 해소해 드려야 한다. 그리고 그분들이 원하는 음식을 대접해야 하며 그 음식은 맛이 있고 신선하고 연하고 향기로운 것이라야 한다."

이 구절에는 돌봄의 정서적 면과 물질적 면이 통합되어 설명되어 있다.

돌봄의 구분

〈내면적 돌봄〉

내면적/정서적 돌봄을 나타내는 항목으로서 다음을 들수 있다.

대화, 친밀, 도움, 안전, 존경, 대우, 생활 만족, 행복

〈외면적 돌봄의 중요성〉

외면적 돌봄은 주로 행동으로 제공되는 보살핌으로써 고령자가 신체적으로나 경제적으로 의존적인 처지에 있을 때를 고려하여 구분해 본 것이다. 건강상태가 좋지 않거나 수입이 없는 어려울 때 이런 수단적/물질적 지원을 받는다.

비상금, 건강유지비, 여가활동비, 음식 · 의료 구입비
주택유지비, 물건 구입, 약 복용, 식사, 세수, 갱의,
집안일 정리, 목욕, 용변, 외출, 취미 활동, 취업 안내

이런 물질적이고 외면적인 돌봄은 정신적이고 내면적인 돌봄 못지않게 필요한 것이다.

그런데 내면적 돌봄과 외면적 돌봄은 서로 연계되어 있어 외면적 돌봄을 하면 내면적 돌봄도 어느 정도 할 수 있다. 그러나 때에 따라서는 두 가지 돌봄은 별개로 보아야 한다. 아무리 많은 물질을 제공하여도 정서적인 성과를 못 올리는 경우가 있다.

사회가 경제적으로 부유해지고 사회복지제도로부터 많은 혜택을 받게 되면 물질적 돌봄보다도 정서적 돌봄을 더 원하게 될 것으로 본다.

〈내면적 돌봄의 중요성〉

돌봄은 사람과 사람 사이의 인간관계에서 시작되고 진행된다. 다른 사람을 측은지심으로 돌보지 않고서는 그 사람을 위해 진정한 돌봄과 서비스를 해 줄 수 없는 것이다. 이 점은 부모와 자녀 관계에서도 마찬가지이다.

> "아들은 부모의 건강을 특별히 걱정해야 한다"(논어, 4권, 19장)
> "부모가 즐거워하는 것을 들려주고 보여 주도록 해야 한다"(예기, 1권, 1장).
> "부모의 생신을 맞이해서 그분들이 한해 더 늙으신 것을 가엽게 여겨야 한다"(논어, 4권, 21장).
> "부모의 죽음을 애도하는데 형식에 치중하는 것보다 마음속으로 슬퍼하는 것이 더 중요하다"(논어, 3권, 4장).

위는 전통적 가족 세팅에서 부모·자녀 간에 지켜져야 하는 예를 설명해 주는 말이다.

우리 문화에서는 다른 사람을 돌본다는 것은 곧 인(仁)의 실현을 의미한다. 앞서 지적한 바와 같이 인은 사람과 사람이 인간애를 서로 교환하는 것이며 모든 사람을 대하는데 실천해야 하는 보편적인 가치이다.

병원이나 사회복지시설에서 돌봄 제공자가 환자나 고객을 보살피는 데 내면적 자세를 갖추는 것을 매우 중요시한다. 질이 좋은 치료와 돌봄을 제공하기 위해서는 치료자가 따뜻한 심정으로 환자와 고객을 맞아 주고 이분들을 인격을 지닌 소중한 사람으로 존경하고, 개인적 생활 스타일과 신조를 존중하는 마음, 즉 내면적인 차원을 먼저 갖추어야 한다.

제공자는 돌봄을 받는 고객이 자기 병원과 시설에서 돌봄을 받는 데 대해 감사하며 이런 조건을 갖추어 돌봄을 전달해야 하겠다.

이 필요조건은 감사하며 존경을 표시하는 자녀와 돌봄 제공자가 지켜야 하는 예의 요건이 되는 것이다.

3) 성인의 감사와 보은

다음에는 청년기를 지나 성숙한 성인이 된 자녀가 가족 세팅에서 부모에게 감사하며 보은하는 실상을 소개하고자 한다.

부모 은혜에 감사하며 보은함은 쉽지 않다는 사실이 예나 지금이나 거론되고 있다.

일찍이 공자는 보은의 시작은 부모가 낳아 주신 신체와 머리털 및 피부를 상하게 하지 않는 것이라고 했다(효경, 2장 3절).

조선의 대유학자 율곡(栗谷)도 부모로부터 받은 몸을 다스리는(以孝守身) 데 대해 다음과 같이 밝혔다.

"천하에 내 몸보다 더 소중한 것은 없다. 이 몸은 부모로부터 물려받았다. 부모가 남겨주신 이 몸은 천하의 어느 것과도 바꿀 수 없다. 부모 은혜가 얼마나 큰 것인가를 이로써 알 수 있다. 어찌 감히 몸을 나의 것으로만 생각하고 부모를 극진히 모시지 않을 수가 있겠는가?" (율곡전서, 권 27, 사친장).

그런데 다음 공자의 말은 부모 은혜를 갚기가 더욱 어려워짐을 깨닫게 한다.

"부모는 오직 자식의 병을 걱정한다"(논어, 위정 6).

이 말은 자녀의 몸을 제공한 부모는 항상 마음속 깊이 그들이 병이 없이 오래 살기를 소원하고 있음을 뜻한다. 자식의 가장 귀중한 생명을 걱정하는 간절한 염원은 오직 부모만이 가질 수 있는 고귀하고 너그러운 마음씨이다. 칸트가 말한 감사의 성스러움이 이러한 부모의 마음씨에 해당한다고 본다.

위의 가르침은 자녀는 막중한 부모 은혜를 잊어서는 아니 되며, 이 은혜에 감사하여 부모님을 존경할 의무가 있음을 알려 준다고 본다.

부모는 자녀에게 몸을 남겨주었을 뿐만 아니라 그들이 병이 없이 오래 살기를 소원하며 극진한 사랑으로 음식, 의복, 주거, 교육 등 유아로부터 성인으로 자라는 데 필요한 온갖 종류의 정서적 및 수단적 돌봄을 제공한다. 대다수 부모는 자기들의 안락과 노후 생활을 위한 자원까지 자녀 양육을 위해 희생적으로 바치며, 자녀가 자라서 성인이 되고 난 후에도 이런 돌봄을 계속하다가 세상을 떠난다.

이런 특수한 은혜에 대해 자녀가 할 수 있는 첫 번째 노력이 앞서 제시한 아동 때부터 시작할 수 있는 '부모님 감사합니다'라는 표현이 된다.

이처럼 우리의 문화적 맥락에서는 부모님의 사랑과 돌봄에 대한 감사는 어린이 때부터 시작된다(김경희, 2003: 44~75; Hashimoto, 2004). 이것이 감사하는 예의 시발점이다.

〈감사와 의무〉

앞서 논한 바와 같이 감사는 '사람의 도덕적 기억'(moral memory)이다(Simmel, 2008: 388). 받은 은혜를 기억해 두었다가 보답하는 도덕적 행동을 함을 뜻한다. 사람이 마땅히 해야 하는 예를 지키는 것이다.

감사는 은혜를 베푼 사람에게 행동으로 갚도록 유도한다. 그래서 감사는 도움을 받고서는 이를 갚는 의무적인 교환관계를 이루게 된다. 이런 교환은 심리적 바탕으로 이루어지지만, 그 기능은 사회적인(사람과 사람의 상호관계에서 이루어지는) 행동인 것이다.

짐멜(Simmel, 2008)은 받은 도움에 대해 감사함으로써 사람들은 서로에 대한 의무를 수행하는 사회체계를 이루게 되며, 이 체계는 곧 서로 돌보는 인간사회를 이룩하는 도덕적인 접착제(cement) 역할을 한다고 했다.

위의 말을 요약하면 감사는 은혜를 베푼 사람에 대한 의무를 수행하도록 이끌며, 이 의무의 수행은 인간관계를 원만하게 할 뿐만 아니라 사회체계를 안정시키는 바람직한 친사회적 기능을 한다(Gouldner, 1990)는 것이다.

부모에게 감사하는 이유가 무엇일까?

그 이유는 다름이 아니라 부모님이 베푸신 사랑과 돌봄 – 은혜 – 에 감사하여 보은하려는 것이다. 부모님은 나에게 생명과 몸을 주시어 이 세상에 살 수 있게 하셨고, 사랑으로 양육하셨고, 교육해 주셨고, 사회에 진출하도록 도와주셨기 때문이다.

자녀는 이러한 은혜를 베푸신 부모님에게 거의 자동으로 감사하면서 그 은혜를 갚는 노력을 하게 되며, 이렇게 하는 것이 예이고 도덕적 의무인 것이다. 즉 자녀는 감사하는 데 그치지 않고 부모님에게 보답하려는 욕망을 품고서는 이를 갚아야 한다는 의무감을 가지게 된다. 이런 의무감은 외부로부터 강요를 당해서 가지는 것이 아니다. 받은 도움에 감사함으로써 마음속에서 저절로 생기는 것이다.

우리 문화에서는 은혜를 갚는 의무의 수행을 매우 중요

시한다. 은혜를 갚을 줄 모르는 사람은 '사람 축에 들지 못한다', '사람으로서 상종할 수 없다', '배은망덕한 자이다' 등의 사회적 비난을 받고 차별을 당한다. 앞서 지적한 바와 같이 불교에서는 동물보다도 못한 자라고 낙인을 찍는다.

받은 은혜를 갚는다는 것은 불문율(글이 아닌 말로만 정한 규율)로 되어있는 것이다. 즉 법으로 정해져 있지는 않지만 당연히 지켜야 할 규율로 되어있다.

그런데 유교 경전에는 부모 은혜에 대한 보은의 당위성(당연히 이루어야 함)을 지적하는 구절은 많으나 감사를 구체적으로 표현하는 데 대한 가르침은 희소하다. 이러한 경전의 내용으로부터 영향을 받아서 그런지 우리는 '고맙습니다'의 표현을 서양 사람과 비교해서 훨씬 덜 하는 경향이다. 다른 사람이 나에게 은혜를 베풀어 준 데 대한 고마움을 느끼고는 있으면서, 다른 사람을 사랑하면서도, 이런 가슴속에 담긴 감정을 말로 표현하기를 잘 하지 않는 것이다. 아마도 체면을 지키고 감정을 억제하는 성향이 센 우리의 문화적 특성 때문이 아닌가 한다.

의견교환을 중요시하고 정보를 빠르게 교환하는 새 시대에는 '감사합니다'라는 감정도 때에 맞게 바로 전달하는 노력이 필요하다고 본다.

은혜에 대한 감사와 보답

부모님에게 감사하며 보은하는 마음과 행동은 '부모 돌봄'으로 전환된다.

새 시대의 부모 돌봄은 적어도 두 가지 생활형태에 따라 살펴보아야 한다. 하나는 부모와 자녀가 같은 집에서 동거하는 경우이고 다른 하나는 양편이 떨어져 별거하는 경우이다. 한국 고령자의 약 30%가 성인 자녀와 동거하고 있다. 농어촌에서 동거하는 사례는 이보다 훨씬 더 많다. 고도로 산업화된 한국에 이렇게 동거 자녀가 많다는 것은 부자 동거사례가 극히 적은 서양 나라와 대조된다.

다음에 저자가 행한 동거 자녀가 가족 중심으로 부모를 돌봄으로써 부모에게 감사하며 보은하는 데 대한 사회조사 결과를 해설하고자 한다(성규탁, 1995, 2020; Sung, 2001).

조사대상은 부모와 동거하면서 모범적으로 부모를 돌보아 정부로부터 효행상을 받은 사람들이다. 이들에 관한 기록문의 내용을 분석하였다.

조사의 목적

전통적으로 '부모 돌봄'(효)은 추상적이며 구체적이지 못하게 서술되어 이를 실천하고 연구하는 데 도움이 될 구체적 지표가 없는 실정이다.

자녀는 어떠한 구체적 돌봄을 제공해서 모범적으로 부모

에게 감사하며 보은하고 있는가? 이 과제에 대한 답을 얻으려고 조사를 하였다.

제공한 돌봄

돌봄 대상 노부모는 허약한 고령자이며 신체적, 정신적 및 사회적 문제를 가졌다.

이분들에게 제공한 돌봄을 가) 개인적 돌봄, 나) 가족을 위한 돌봄, 다) 지역사회를 위한 돌봄으로 구분할 수 있다.

가) 부모를 위한 개인적 돌봄

병간호해 드림, 통변을 도와 드림, 식사 시중을 해 드림, 약을 마련해 드림, 안마를 해 드림, 위독한 부모에게 헌혈함, 세탁을 해 드림, 목욕을 시켜 드림, 방을 정리해 드림, 말 상대 되어 드림, 책, 신문을 읽어 드림, 외출할 때 동반해 드림, 업어서 이동시켜 드림, 부모 의견을 존중해 드림, 부모소원 성취해 드림, 노인학교에 보내 드림

이상 개인적 돌봄의 유형이 16가지가 되는데 이 중 7가지는 복지·보건과 관련되고 나머지는 지지적인 것이다.

나) 가족을 위한 돌봄

대가족 부양, 자녀와 형제·자매를 교육함, 가족의 장래를 위해 저축, 성묘, 친척 대접

다) 지역사회를 위한 돌봄

지역사회 노인을 돌봄, 양로원 또는 노인정 방문·위안, 노인학교 후원, 불우한 청소년 장학, 지역사회의 공익사업 원조

위와 같이 돌봄은 노부모를 위한 것을 비롯하여 배우자, 자녀, 형제·자매, 친척, 이웃과 지역사회를 위한 것까지 포함되었다.

〈돌봄을 실행한 이유〉

부모에게 감사하며 보은함은 자녀가 지닌 신념이나 가치에 의해 이루어진다. 개인의 도덕적 의무감에 의해 동기화된 덕행(德行)이다.

표 1과 같이 가장 빈번히 지적된 이유는 '부모를 감사하며 존경했기 때문에'이고 다음으로 '부모에 대한 책임을 수행하려고'와 '부모를 위해 희생하려고'이다. 대략 반은 부모에 대한 책임을 다하기 위해 효행을 하였고, 약 3분의 1은 부모를 위해서 육체적, 사회적 또는 재정적으로 자신을 희생하려고 했다.

동기 유형	지적 빈도(%)	등 위
부모에 대한 감사와 존경	83.7	1
부모에 대한 책임	47.0	2
부모를 위한 희생	32.1	3
은혜에 대한 보답	14.8	4
부모에 대한 동정	14.3	5
가족의 화합	12.6	6
지역사회의 화합	10.6	7
이루지 못한 역할의 보상	2.4	8
종교적 신념	1.5	9

(N=817)

〈제공한 돌봄〉

ㄱ) 부모를 위한 것

노부모는 한 가지 이상의 질환을 갖고 있었으며 손끝으로 하는 일에서부터 대인관계를 돕는 일에 이르기까지 다양한 도움이 필요했다.

이분들에게 제공된 개인적 돌봄은 다음 세 가지 주제로 구분할 수 있다.

"제1차적 돌봄": 집안일 돕기(방안정리, 세탁 등), 개인적 보살핌(식사 시중, 목욕시키는 일, 대소변 돕기 등), 주택제공(성인 자녀와 동거하는 것), 가정 의료(간호, 의약품 제공 등).

"제2차적 돌봄": 교통제공(외출 시 동반, 등에 업고 다니는 것), 심리적 지지 (존경, 소원 성취 등), 용돈 제공, 보호, 사회 활동 참여 기회 마련 (주로 가족 성원들과 함께).

"제3차적 돌봄": 책 읽어주기, 대화 상대가 되는 것, 교육의 기회를 마련해 주는 것

오랜 세월에 걸쳐 부모부양을 하면서 위에 열거한 돌봄 외에도 여러 유형의 지원을 제공했을 것으로 짐작한다.

그런데 개인적 돌봄은 주로 농어촌의 여성(며느리, 아내 또는 딸)이 제공하였다. 여성이 노부모 돌봄의 주요 원천이 되고 있다. 아들은 감정적 및 재정적 지원을 하며 가족 밖의 자원과 연결하는 역할을 한다. 그래서 아들은 손끝으로 하는 돌봄을 하는 경우가 드물다. 소위 성별에 따른 차이를 반영하는 것이다. 여성이 노부모와 의존적 가족원을 부양하는 데 이바지하는 바는 정당하게 평가되어야 한다.

ㄴ) 부모를 돌본 이유

총 9개 유형의 이유가 식별되었는데 이 중 부모에게 감사하며 존경하는 것이 가장 으뜸가는 돌봄 이유로 드러났다. 두 번째 이유인 부모에 대한 책임수행은 의무적으로 부모를 돌본 것이다. 그리고 가족화합은 부모 중심으로 가족원들이 부모 돌봄을 위해 지지적 상호관계를 이루는 것이다. 부모를 위한 희생은 자녀가 힘, 시간, 재력 등 에너

지의 일부를 부모를 위해 바친 것이다.

ㄷ) 부모·자녀 관계

대다수 자녀의 경우 돌봄이 일방적으로 자녀로부터 부모에게로 갔다. 그러나 상당수는 부모와 자녀가 서로 돌보는 호혜적 관계를 이루었다.

서로 돌보는 관계는 앞장에서 논한 퇴계의 자(慈)와 효(孝)를 실천함으로써 이룰 수 있는 것이다. 자(慈)는 부모가 자녀에게 인자스럽게 베푸는 것이고 효(孝)는 자녀가 부모께 감사하고 존경하며 돌보는 것이다.

이러한 관계가 한국인이 부모·자녀 관계를 발전적으로 재정립하는 데 필요한 조건이라고 믿는다.

끝으로 본 연구에서 식별된 두드러진 돌봄 이유는 (1) 부모에 대한 감사와 존경, (2) 부모에 대한 책임 및 (3) 부모를 위한 희생이다.

이 핵심적 범주를 연결해서 다음과 같이 진술할 수 있다. 즉 "부모에게 감사하고 존경하며 책임성 있게 희생적으로 돌보아 드렸다."

정부는 이렇게 노부모께 모범적으로 감사하고 존경하며 돌본 분들에게 상을 주고 국민에게 이 모범을 따르도록 권장한 것이다.

제5장

보은의 어려움

〈보은의 어려움〉

위의 조사결과는 모범적으로 부모 은혜에 보답한 사람들에 관한 자료이다. 하지만 일반인에게는 이렇게 뛰어나게 보답하기란 매우 어려운 일이다.

부모은중경(권오석 역해, 1994; Harvey, 2009)에는 부모 은혜를 갚는 것이 얼마나 어려운가를 다음과 같이 애절하게 묘사해 놓았다.

"부모를 업고 세계를 백천 번 돌아도 부모의 깊은 은혜는 보답할 수 없다."

"어머니를 위해 살을 도려내고, 굶주림을 겪는 데 보내는 백천의 시간이라도 보답할 수 없다."

"어머니를 위해 눈을 도려내 여래에게 헌납하는 일을 백천 번 하여도 보답을 다 할 수 없다."

"어머니를 위해 칼로 심장을 갈라 피가 골고루 땅에 흘러 고통이 백천 겁이라도 그 은혜를 보답하기 어렵다."

"어머니를 위해 백천의 칼이 자신의 몸에 꽂혀 겪는 백천 겁의 매우 큰 고통으로도 보답하기 어렵다."

"어머니를 위해 몸을 등(燈) 삼아 불을 켜고 여래에게 공양하는 것이 백천 겁이라도 보답하기 어렵다."

"어머니를 위해 뼈를 부숴 골을 꺼내고, 백천의 창이 일시에 몸을 찔러 백천 겁이 된다 해도 보답하기 어렵다."

"어머니를 위해 열철환(熱鐵丸)을 마시고 신체 안이 여러 번 타버리는 일이 백천 겁이 지난다 해도 보답하기 어렵다."

이러한 애절한 표현은 유교 경전 시경에 있는 다음 말을 상기시킨다.

"슬프고 슬프도다. 부모님이시여 나를 낳은 노고와 그 은혜를 갚고자 할진대 하늘 같아서 보답하기 어렵다."

위에 인용한 말은 부모 은혜에 관해 이야기할 때 흔히 사용되며 그 은혜를 갚기가 그렇게도 어렵다는 뜻을 담고 있다.

우리 문화에서는 은혜를 갚는 방법이 일반적으로 가르쳐지고 있다. 예를 들어 자녀는 부모님에게 감사하며 은혜를 갚기 위해 이분들을 즐겁고 기쁘게 해 드리고, 이분들의 뜻을 따르고, 안락한 거처를 마련해 드리며, 맛있고 신선하고 연한 음식을 대접해 드려야 한다는 것이다(성규탁, 2020).

하지만 이러한 가르침을 올바르게 따르기는 쉽지가 않다. 이 가르침을 따르지 못하면 소위 불효를 하는 불효자라고 불릴 수 있는 것이다.

〈불효자〉

불교 서적에는 다음과 같은 불효자의 보기가 들어 있다 (미치하타, 1994: 87).

"부모 은혜에 감사하지 않은 이들이 있다. 어떤 자녀는 결혼을 하면 부모를 소홀히 하고 귀찮은 사람으로 취급한다. 신혼부부는 자기들끼리 즐겁게 지나지만, 편치 못한 생활을 하는 노부모에게는 아침, 저녁으로 문안조차 드리지 않는다. 부모 중 어느 쪽이 먼저 돌아가고 혼자 남아 있는 쓸쓸한 부/모에게는 마치 타인 집의 식객처럼 대하고, 이분의 은혜에 대한 보답은커녕 애정도 없고 대화도 하지 않는다. 노부모는 밤이 되면 온몸이 편치 않은 상태이고 벼룩과 이 때문에 아침까지 자지를 못한다. 몇 번이나 뒤치락거리며 이 생각 저 생각하다가 아 우리가 전생에 무슨 죄를 범했기에 이런 불효자식을 낳았을까 하고 한탄한다. 때로 볼일이 있어 자식을 부르면 자식은 눈을 부라리고 막말을 퍼부으며 며느리도 함께 욕되게 한다. 또 갑자기 병이 나서 열 번 부르면 아홉 번은 들은 체하지도 않고 열 번째 와서는 용무를 묻지도 않고 오히려 욕을 퍼부으며 말하기를 '늙어 빠져서 차라리 빨리 죽는 편이 낫겠다'라고 한다.

이를 듣고 부모는 원망스러운 생각에 가슴이 메어 눈꺼풀은 눈물로 아찔하고 마음이 뒤얽혀 슬픔에 젖어 말하기를 '아! 내가 너를 낳은 것이 잘못이다. 자식이 없는 편이 낫겠다'라고 한탄한다."

제6장

부모 은혜에
감사하는 자녀: 사례

아래 소개하는 3편의 사례는 아산효행상 수상자들에 대한 여러 편의 기록문과 저자의 조사자료(성규탁, 2014: 6장)에서 선정하여 축소한 것이다. 모두가 부모에 대한 감사와 보은을 설명하는 내용이다. 이 가운데 '어머니의 어머니가 된 딸'은 딸이 어머니에게 보은한 매우 인상적인 수기이다.

사례 1 대가족을 헌신적으로 돌보는 며느리
사례 2 어머니의 어머니가 된 딸
사례 3 은혜를 갚으려는 민혁의 소원

사례 1

대가족을 헌신적으로 돌보는 며느리

분가하여 부모와 떨어져 살기를 원하는 시대적 흐름에도

불구하고, 류필남 씨는 맏손부로서 형제와 친척의 어려움을 자기 일인 양 매사에 솔선수범해 오고 있다. 그리고 직장인 학교에서도 아동들의 도덕적 생활 태도를 함양하기 위해 헌신적으로 노력해 오는 등 경로효친사상을 생활 속에서 자연스럽게 실천하며 살아가고 있다.

류 씨는 같은 소대식 교사와 결혼하여 슬하에 2녀를 두고 있다. 류 교사는 결혼 전 부모님이 어른을 은혜에 감사하며 지극한 정성으로 돌보는 모습을 보면서 자랐기 때문에 시집살이에서 이런 보은 행위를 어렵지 않게 할 수 있었다.

류 씨는 맏며느리로서 남들보다 일찍 서둘러서 아침 식사를 올리는 등 시조모와 시부모를 위해 한 치의 게으름도 없이 최선을 다해 봉양한 다음에야 출근했다. 결혼 3년째 되던 해에 그 동안 믿고 의지하던 남편을 타지로 떠나보내야 했다. 이들도 부부 교사들이 흔히 겪게 되는 주말부부가 된 것이었다. 신혼 티가 채 가시지 않은 류 교사가 대구에서 다시 남편과 합치기까지 만 12년을 시조모와 시부모, 시동생, 그리고 어린 자녀들까지 봉양해야 했다. 맏며느리로서, 어머니로서, 그리고 어린 아동들의 교사로서 1인 3역을 동시에 하면서 살아온 것이다.

결혼 초창기, 온 가족이 의지할 집조차 없어 월셋집 단칸방에서 대가족이 함께 살아야 하는 어려운 형편이었지만 류 교사는 근면 성실한 생활 자세로 극복해 왔다. 그리고 남편과 떨어져 사는 동안 홀로된 시삼촌이 노환으로 쓰러지자 집으로 모셔와 3년 후 사망할 때까지 병간호하는 등 지극한 정성으로 효행을 하였다. 현재 67세인 시모는 노인성 치매 및 폐 질환으로 지난 5년간 거의 병원 신세를 져야 했으며, 최근 병세가 악화하여 50여 일간 입원 치료를 하는 동안 류 교사는 퇴근을 하면 곧바로 병원에 가서 시모의 대·소변 수발, 세수·목욕 수발, 병간호를 해왔으며, 병간호 후 집에 와서도 92세의 시조모 노환 수발과 아이들 어머니 역할 등 심신이 피곤한 하루하루지만 이를 내색하지 않고 노시조모와 병든 시모의 봉양에 지극한 정성을 쏟아오고 있다. 류 교사의 집은 현재 4대에 걸친 11식구가 살고 있다. 현대사회에서는 믿기지 않은 대가족이다. 시조모와 시부모, 남편, 자녀 외 사업 실패 후 함께 살게 된 시동생 가족 4명까지 포함해서이다. 류 교사는 시동생 가족들에게 더욱 신경을 쓰게 된다. 그들을 위로하며 힘을 주면서 부모 은혜에 감사하며 가정의 회목과 함께 형제간의 우애를 돈독하게 하는 것도 맏며느리의 역할이라 생각하고 있다.

사례 2

어머니의 어머니가 된 딸의 수기

내가 변함없이 감사하며 존경하는 어머님은 76세 때 거의 죽음 직전에 도달한 절망 상태에 놓여 있었다. 어머님을 절망으로 몰아간 요인은 암으로 아버님이 사망하신 사건이었다. 어머님은 그분과 50년을 같이 살았다. 이분들은 사이가 좋았고 재정적으로 비교적 여유가 있었고, 해가 갈수록 더 사랑하는 사이였다.

그러나 아버님이 갑자기 세상을 떠나시자 어머님은 가슴속에 지울 수 없는 깊은 상처를 입게 되었다. 울지도 않았고 무슨 방법으로도 슬픔을 풀지 못했다. 날이 갈수록 슬픔은 마음속 깊이 잠겨 들어 분노와 고통으로 변했다. 그리하여 술을 마시고 담배를 피우며 죽음을 소원하게 되었다.

처음에는 어머님이 평생 지켜 오신 생활습관이 도움이 되는 것 같았다. 즉 여러 해 동안 집안일을 돌보아 준 이웃분이 일주일에 두세 번 집안을 정리해주었고, 친구들과 화투도 치셨고, 슈퍼에 가서 식료품을 사셨고, 교회에서 미사를 드렸다. 그리고 미장원에 가서 머리를 하시고, 가끔 좋아하는 음식점에서 식사하셨다. 이런 비교적 정상적인 생활을 해나가셨는데 어느 날 넘어져 허리를 다쳤다.

그 후는 7층 아파트 안에 틀어박혀 일절 외출을 하지 않게 되었다.

평생 초등학교에서 교원 생활을 하셨던 어머님은 이제 잠옷과 내의만을 걸치고 혼자 방 안에서만 칩거하는 사람으로 변했다. 주일날 교회에 안 가신 지는 벌써 여러 주일이 되었다. 소설책을 읽는 것이 일과로 되었던 그는 텔레비전을 밤낮 가리지 않고 보고 있어 취침시간이 대중없었다. 밤을 낮으로 생각하고 새벽 2시에 나에게 전화를 거시고 이야깃거리를 꺼내신다. 때로는 밤중에 아침 식사를 하려 부엌으로 가신다. 고작 엽차를 마시는 것과 담배 피우는 것이 그분의 아침 식사였다. 점심은 밥 반 공기와 김치 두 조각이었다. 저녁은 음식점에 주문한 가락국수나 짜장면 정도였다. 시간 대부분을 담배를 피우면서 보냈다. 담배 꽁초는 의자와 식탁 주변에 흩어져 있고 융단 이곳저곳에 담뱃불로 탄 흔적들이 보였다. 다행히도 아파트에 불이 나지를 않았다.

어머님은 정신적 질환, 음주, 영양실조로 아파트 안에서 자주 넘어졌다. 이럴 때면 그는 기어서 전화기를 찾아가 빌딩관리자를 불렀다. 빌딩관리자는 어머니를 일으켜 부축해서 침대로 데려가 눕혀 주었다. 이런 일이 되풀이되었지만 회복되는 기세가 보이지 않았다. 그러던 중 어느 날 그런 삶을 더 계속 못 하게 만든 일이 일어났다. 이제 생각하면 이런 일이 발생한 것이 어머니를 위해 참으로 다행스럽다고 본다.

어느 날 아침 가정부가 어머니가 침대 아래 떨어져 있는 것을 발견하였다. 이렇게 36시간을 보낸 것이다. 그의 몸은 탈수상태였고 고통스러워하며 헛소리를 했다. 의사는 허리에 상처를 입었고 뇌출혈이라는 진단을 내렸다.

즉시 응급차로 종합병원으로 옮겼다. 여러 가지 의료기구를 사용하여 종합검진을 받았는데 기적적으로 뇌출혈이나 다른 증상은 없고 단지 골절이라는 진단결과가 나왔다. 2주일 동안 병원에서 하루 세 끼 식사하고, 술을 마시지 않고, 의료진과 가족의 감독을 받으면서 지난 후, 어머님은 눈에 생기가 돌기 시작하고 웃음을 보이게 되어 3년 만에 처음으로 정상적인 모습을 되찾게 되었다.

가족과의 접촉과 어머니의 재활

이 일이 일어난 후 어머님은 내 집으로 옮겨오셔서 사시게 되었다.

아들은 자라서 집안의 아버지가 된다는 말이 있다. 나는 이제 나의 어머니의 어머니가 되었다.

어머니는 나의 사랑과 보살핌이 필요한 나의 자식들 가운데 한 사람이 된 것이다. 나는 이분이 절망 속으로부터 되살아나는 상황을 지켜보며 한없이 즐거워하고 있다.

어머님은 지팡이를 집어 던지고 하루에 서너 번 계단을 오르내리기 시작하였다. 더 중요한 변화는 이제 의사의 지시에 따라 마련한 저녁 식사와 함께 과일을 드시게 되었다. 하루에 정상적인 세 끼의 식사를 하게 된 것이다. 미장원에 가서 머리를 하고, 교회에 나가기 시작하고, 손자녀 학교에 가서 학예회를 참관하고, 음악회에도 간다. 어머님에게 웃음과 생에 대한 의욕이 다시 솟아났다.

나의 아이들은 할머니의 변하는 모습을 보고 그분에 대한 이해와 인내심을 기르게 되었다고 한다. 어머님은 손자녀에게 그가 가진 모든 사랑을 퍼부었다. 그들에게 공부하라, 방을 깨끗이 하라, 행동을 바르게 하라는 등 내가 하는 잔소리를 하지 않아서 그들과 더욱 친밀하게 되었다.

나는 이제 나의 어머니를 되찾았다. 사람과 접촉한다는 것이 중요함을 뒤늦게 알게 되었다. 접촉은 치유하는 힘이 있는 것이다. 여섯 살 된 손자를 껴안으면서 인사를 나누고, 나와 포옹을 하고, 손자녀의 손을 잡고 자동차에 가서 같이 타는 것들이 모두 그분을 회복시키는 힘이 되었다. 친구들의 왕래도 있었고 가끔 애완동물을 돌보는 사람들이 찾아와 어머니와 함께 즐겁게 지냈다. 애완동물도 어머니의 재활에 이바지했다. 어머님은 우리가 생일날 선사한 강아지와 고양이를 잘 돌보시고 있다. 이들 애완동물은 어머님 곁을 떠나지 않는다.

"어머님 일 년 전보다 훨씬 더 좋아지셨어요."라고 하면 어머님을 웃으신다. 그리고는 "나는 그렇게 되려고 노력하고 있어"라고 응답한다. 일 년 전에는 그런 노력을 할 능력이 없었다.

어머님의 지금 형편은 만족스럽다고 할 수 있다.

우리 사회에는 부모와 동거하는 사례가 점점 줄고 있다. 그리고 고령의 부모들도 자녀와 함께 살기를 원하지 않는 분들이 많다. 어머니도 전에 살던 아파트로 돌아가 혼자 살기를 원하신다. 가끔 그곳에 가보시기는 하나 만약 그곳으로 다시 돌아가 사신다면 또 암흑 같은 환경에서 생활하실 가능성이 있다. 양로원과 노인요양원 같은 데도 마찬가지로 어머님께 도움이 된다고 보지 않는다.

그래서 우리는 지금의 상황에 만족하며 살아나가기로 했다. 모든 사람에게 이 생활방식을 권하지 않는다. 내가 전하고 싶은 말은 우리의 연로하신 부모님들은 우리 젊은 사람들이 원하는 바와 똑같이 관심을 두고, 애정을 나누고, 보살펴 주고, 봉양해 주는 것을 원하고 있다는 사실이다. 나는 이런 인간적인 대접-감사하고 존경하며 돌봄-이 놀라운 변화를 가져온다는 사실을 체험하였다.

사례 3

은혜에 감사하는 민혁의 소원

민혁이(15세)는 하루 5~6시간 하는 혹독한 태권도 훈련을 아낌없이 뒷바라지해 주시는 할머니, 할아버지, 고모님을 생각하며 악물고 버팁니다.

아버지가 교통사고로 돌아가신 후 넘치는 사랑으로 민혁이를 돌보아 주시고 아끼는 분들이 연로하신 이분들이다. 세상에서 제일 든든한 분들이고 가장 감사한 분들이다. 할아버지는 옆집 아저씨의 고기 잡는 일을 도와주거나 갯벌에 나가 조개를 주어 조개구이집에 팔아 생계를 꾸리며 민혁이를 돌보고 있다. 민혁이의 어머니는 집을 나갔다.

할머니가 편찮으시어 누워계시는 시간이 많아 민혁이는 자신이 할 수 있는 범위 안에서 집안일을 돕고 있다. 스스로 밥을 차려 먹고 설거지를 하고 청소를 하는 일이 생활화되었다. 할머니와 할아버지가 자기의 보호자 역할을 해 주듯이 자신도 연로하신 두 분의 손발이 되어 작은 일 하나도 놓치지 않고 도우려고 노력한다. 농번기에는 일손을 거들기도 한다.

민혁이는 훈련하러 가는 날에도 할머니를 도와준다고 설거지까지 하고 간다. 주말이면 운동을 끝내고 와서 피곤한 내색이 없이 할머니를 돕는다. "부탁하는 말 한마디면 달

려와서 도와요." "너무나 착하게 커 줘서 얼마나 고마운지 몰라요." 할머니의 말이다.

민혁이는 운동을 병행하면서 틈틈이 할머니와 할아버지의 말동무가 되어 드린다. 관절염으로 고생하시는 할머니의 팔과 다리, 어깨를 주물러 드리고, 집 옆의 노인정에 가서 노인정 일도 도와 드린다.

바쁜 민혁이는 친구들과 어울릴 시간이 부족하다. 하지만 밝고 씩씩한 얼굴로 생활한다. "다른 사람을 생각하는 마음이 남달라요. 친구들을 잘 챙기고 보살핍니다." 선생님의 칭찬이다. 이뿐만 아니라 민혁이는 결석이나 지각이 단 한 번도 없는 성실한 학교생활로 학급행사에서 "칭찬 스타"가 되었다.

민혁이가 기죽지 않고 잘 자라도록 마음을 써온 고모에게는 그는 친아들과 같다. "운동하는 사람이 몸을 다치거나 병이 나면 안 되는데…" 고모님은 늘 걱정이다. 운동선수가 될 민혁에게는 몸 상태를 유지하는 게 매우 중요하기에 자기 몸 돌보는 데 여간 애를 쓰는 게 아니다.

할머니와 고모는 민혁이가 좋지 않은 친구와 어울리지 않을까 늘 걱정한다. 민혁이는 오히려 학교에서 좋지 않은 길로 갈 위험에 빠진 친구들을 설득하고 좋은 길로 이끌어 주고 있다.

민혁이의 꿈은 언젠가 신문에 실린 "국가대표 김민혁"이라는 기사를 보는 것이다. 아낌없이 보살펴 주신 할머니와 할아버지의 은혜에 감사하며 보답하기 위해서라도 최선을 다해 꿈을 향해 나가고 있다. "지금은 두 분에게 집안일을 도와 드리는 것이 전부이지만, 고등학교를 졸업해서 대학에 들어가고 국가대표가 되면 자랑스러운 손자 모습을 감사하고 존경하는 조부모님에게 보여 드리고 좀 더 많은 것들을 해 드리려고 해요." 민혁이의 소원이다.

제7장

새 세대를 위한 노력

감사의 사회적 의의

우리의 생활은 사회적인 삶이다.

'베풀어 주신 은혜에 매우 감사합니다', '은혜를 언젠가 갚게 되기를 바랍니다'와 같은 겸손한 표현은 사회생활에서 대인관계를 따뜻하고 친하게 하고 다른 사람을 존중하는 친사회적 마음을 나타낸다.

감사는 '사람의 도덕적 기억'이다. 받은 은혜를 기억해 두었다가 감사하는 너그러운 행동을 함을 뜻한다. 즉 사회적 선(善)을 이룩하는 덕스러운 행동이다. 이런 덕행은 사회생활에서 사람들 사이의 서로 즐기고 서로에게 도움이 되는 바람직한 친사회적 교환을 유도하는 힘이 될 수 있다.

즉 감사는 은혜를 베푼 사람에게 고마워하는 심정을 품고 그분에게 도움이 되는 행동을 의무적으로 행하게 되며, 나와 그와 우애로운 호혜적 관계를 유지토록 이끈다.

이러한 감사하는 마음가짐은 부모·자녀 관계 및 사회적 관계를 바람직하게 유지하는 데 필수적인 요건이 된다고 본다. 이런 요건을 사실 모든 종교가 공통으로 가르치고 있다.

받은 도움에 대한 감사는 서로에 대한 의무를 수행하는 사회체계를 이루게 되며, 이 체계는 곧 사회 성원들을 화목하게 결합하는 도덕적인 접착제 역할을 한다.

감사는 그 자체가 도덕성을 간직하여 값지지만, 부모 은혜에 대한 보답의 첫 번째 표현이며 예(禮)의 기본적 표시가 된다는 점에서 더욱 값진 것이다.

사실 나에게 은혜를 베풀어 주신 부모님에게 감사하고 이분들을 존중하며 돌보아 드리는 것은 오랜 세월 동안 우리 문화에서 중시하며 실행해온 가치이다. 이러한 가치에는 동양과 서양의 문화적 차이가 없는 것으로 보인다.

사람은 은혜를 베푼 사람에게 의무적으로 그 은혜를 갚게 되며 이렇게 하는 것이 문명인의 도덕적인 예의 실행인 것이다. 이것은 또한 인간존중·인간애를 가치로 삼는 우리 한국사회의 전통적 관행이기도 하다. 이런 관행은 서로 돌보는 집단과 공동사회의 안정과 복리를 증진하는 저력(底力)이 될 수 있다.

이러한 사회적 힘을 낼 수 있는 감사의 가치를 젊은 세대가 새 시대의 사회생활에서 슬기롭게 발현하여 사회의 화합과 안정을 이룩해 나가기를 바란다.

바람직한 방향

저자의 조사에 의하면 한국 젊은이의 대다수는 부모님의
은혜에 감사하며 돌보아 드리는 의무를 수행해야 한다고 믿
고 있으며, 일본과 중국의 대다수 젊은이도 역시 같은 의무
를 수행해야 함을 지적하고 있다(성규탁, 2011; Sung &
Hagiwara, 2009; Sung & Yan, 2007).

부모 은혜에 대한 감사는 동아시아 사람이 가지는 문화적
특성이고 가치라고 본다(성규탁, 2011, 2020; Chow, 1995;
Elliott & Campbell, 1993).

기성세대는 이 가치를 다음 세대에 물려줄 의무가 있다.

이 책에서 다룬 부모 은혜에 대한 감사는 인간존중과 인
간애의 정신을 바탕으로 부모·자녀 관계를 돈독하게 하고,
가정과 이웃의 화목을 높이며, 친사회적으로 인간사회의
예를 지키며 도덕을 북돋우는 문화적 가치이다.

우리는 이 가치를 지속해서 실천해 나갈 과제를 풀어나
가야 하겠다. 이를 위해 가정에서의 사회화와 학교에서의
교육이 매우 큰 역할을 하게 된다.

사회화와 교육은 평등사상과 민본주의적 가치를 존중하
는 바탕에서 이루어져야 하겠다. 기성세대는 연소자의 인

간적 존엄성과 인권 및 자유를 존중하는 한편, 이들이 부모를 비롯하여 이웃공동체 구성원을 존중하며 받은 도움에 감사하도록 인도하는 교육을 해야 하겠다.

우리에게 희망과 용기를 줄 수 있는 교육을 통해 우리가 물려받은 이 문화적 이념을 다시 밝혀 다음 세대가 변하는 생활환경에 맞게 이를 실천하도록 인도해야 하겠다.

〈교육과 가정〉

은혜에 대한 감사교육은 학교에 다니기 전에 가정에서 시작하는 것이 효과적이라고 본다. 가정을 사회화(社會化)의 장으로 해서 발달단계에 있는 아동에게 이에 대해 일깨워 주기 시작하는 것이다. 즉 가정에서 일상생활을 해나가는 동안 부모와 어른의 칭찬, 통제, 훈계를 받으면서 이들이 보여 주는 본보기에 따라 자연스럽게 배워나갈 수 있게 하는 것이다. 말로나 글로 지식을 전달하는 것으로만은 충분치 못하며 일상생활 속에서 실천과 체험을 하도록 하는 것이 중요하다. 조부모와 부모가 함께 계셔 감사를 실행할 대상을 갖춘 가정이면 이를 위한 좋은 조건이 된다. 가정에서 아버지와 어머니가 조부모에게 그리고 형과 누이가 부모에게 감사하는 행동을 보고 이를 따라 하면서 자라는 것이 바람직하다. 이처럼 참여하여 보고 배우면서 실천을 시작하는 것이 중요하다(이연숙, 2011). 그러나 이런 조건을 갖추지 못하면 따로 사는 친족(결혼한 형과 누이, 큰아버지, 큰어머니, 작은아버지, 작은어머니, 외가 집안 어른 또는 이웃 어른, 학교 선생님)을 감사의 대상으로 모실 수 있다. 이분들이 조부모와 부모의 역할을 대행해 주는 것이다. [이런 방법을 적용하기가 불편하면 감사하는 행동을 연출하는 비디오를 통한 지도도 가능하다고 본다.]

이렇게 이끄는 과정에서 젊은이가 규범에 묻혀 개성의 변화를 억제당하고, 지나치게 순종하도록 강요해서는 안 되겠다. 권위주의적이고 위계적인 사회관계 패턴에서 벗어나, 좀 더 젊은이의 자각과 창의성을 존중하는 민주적이고 진보적인 지도 방향을 택할 필요가 있다. 마음에서 우러나서 스스로 실천되어야 한다. 윗사람의 지시에 따라 행하는 식으로는 이를 참답게 실천하기 어려운 것이다. 민주화되고 자유를 숭앙하는 우리 사회에서는 이렇게 평등하게 사랑으로 존중하며 나와 모두의 복리를 공동으로 추구하는 방향으로 나아가야 할 필요성이 매우 커지고 있다.

〈인격적 감화〉

초등학교 저학년에서는 아동의 도덕성 발달과정을 고려하여 부모의 자애(慈愛, 사랑)에 대한 초보적인 보답으로서

'고마움'(감사)의 표현에 초점을 두는 것이 타당하며 의무와 책임을 강조하는 '당위'에 관한 지도는 상급학년에 가서 이지적이고 도덕적인 성향이 발달한 후 다루는 것이 바람직하다고 본다. 따라서 "어머님, 아버님 나를 돌보아 주셔서 고맙습니다"와 같은 부모 은혜에 감사하는 비교적 쉬운 표현에서부터 시작할 수 있다고 본다. 어린 학생들이 자율적으로 가치판단을 하도록 도와주는 것이 중요하다. 자기도 부모의 사랑에 감사하며 은혜를 갚을 수 있음을 알고, 스스로 감사하는 것이 옳고 중요함을 깨닫고, 이를 내면화하도록 유도하는 것이다.

공부에는 글공부, 마음공부, 공부한 것의 실천의 세 가지가 있다. 감사에 관한 글공부는 이루어지고 있는데 감사에 관한 마음공부와 행동으로 실천하는 데에는 한계가 있게 되어서는 안 되겠다. 교사-학생 간의 신의 있고 온정다운 인간관계를 통한 생활지도로서 감사에 관한 마음공부와 실천이 이루어지는 것이 바람직하다. 이를 위해 인격적 감화가 매우 중요하다고 본다.

〈대화와 체험〉

비위계적이고 평등한 인간관계를 지향하는 오늘날의 우리 사회에서는 어떤 가치를 일방적으로 주입하는 식의 교육보다는 젊은 사람들에게 자신의 가치를 형성하도록 인도하는 노력이 필요하다고 본다. 이러한 노력을 통해 새 세대가 감사를 이해하고 실천하도록 이끄는 방법으로서 대화(의견을 주고받고 의논하는)를 통한 지도가 바람직하다.

대화를 통해서 감사의 중요함과 값짐을 깨닫고 이를 가치로써 습득하고 간직해 나가도록 이끄는 것이다. 부모의 사랑과 은혜는 이분들이 이 세상을 떠날 때까지 계속된다는 점, 자녀도 성장하면서 이분들을 존중하며 감사해야 한다는 점, 감사는 가족뿐만 아니라 나를 도와주는 이웃과 사회에게도 행해야 할 넓은 사랑의 실천이라는 점, 그리고 감사는 사람이 당연히 행해야 할 예이며 사람 관계를 정답고 다정하도록 이끄는 도덕적인 마음과 행동이라는 점에 대해서 자유롭게 논의하고 각자의 개인적 믿음을 갖도록 인도하는 것이다.

부록

선생님에 대한 감사

Ⅰ. 학생의 선생님에 대한 감사

"선생님 고맙습니다"

부모가 아닌 분들에게도 은혜를 입으면 고마운 마음을 간직하고 이를 갚으려 한다.

선생님이 바로 그런 분이다. 부모님은 나를 이 세상에 출생하여 길러 주시지만, 선생님은 내가 이 세상에서 살아가는 데 필요한 지식과 방법을 가르쳐 주신다. 선생님은 나의 부모님 은혜에 못지않게 나에게 큰 은혜를 베풀어 주신다. 따라서 선생님에게도 마음에서 우러나게 고맙다는 말씀을 드린다. 우리 문화에서는 선생님이 제자에게 베푸시는 은혜에 대해 감사하는 것을 매우 중요한 가치로 삼고 있다. 이런 가치는 우리를 비롯한 아시아의 중국, 일본, 인도, 태국 등 나라들에서도 공통으로 지켜지고 있다. 나는 선생님에게 언제나 고맙다는 마음을 간직하고 다음과 같은 '고맙습니다'의 표현을 때와 장소에 따라 실행한다.

[실행]

선생님

* 저를 사랑해 주셔서 고맙습니다
* 저를 소중히 여겨 주셔서 고맙습니다
* 저를 돌보아 주셔서 고맙습니다
* 저에게 새로운 지식을 가르쳐 주셔서 고맙습니다
* 제가 살아가는 데 필요한 지혜와 방법을 가르쳐 주셔서 고맙습니다
* 저에게 공부하는 방법을 가르쳐 주셔서 고맙습니다
* 배우는 것을 암기만 하지 말고 생각하고, 비판라고 타일러 주셔서 고맙습니다
* 제가 공부를 게을리 하지 않도록 타일러 주셔서 고맙습니다
* 제가 어려움을 당할 때 헤쳐 나가도록 격려해 주셔서 고맙습니다
* 제가 올바른 사람이 되도록 지도해 주셔서 고맙습니다
* 제가 예의를 지키도록 이끌어 주셔서고맙습니다
* 제가 부모님의 말씀을 잘 지키도록 타일러 주셔서 고맙습니다
* 제가 어른을 공경하도록 가르쳐 주셔서 고맙습니다
* 제가 바른 말과 행동을 하도록 주의를 주셔서 고맙습니다
* 선생님의 모범을 본받도록 저에게 보여 주셔서 고맙습니다
* 저에게 꾸지람을 주시며 올바르게 학교생활을 하도록 지도해 주셔서 고맙습니다
* 제가 학교의 규칙을 잘 지키도록 지도해 주셔서 고맙습니다
* 제가 학교로 오고 가는 길에 교통규칙을 잘 지켜 안전하도록 주의를 주셔서 고맙습니다

* 학교 안과 밖에서 어려운 일이 생길 때는 선생님에게 연락을
  하여 도움을 받으라고 일러 주셔서 고맙습니다
* 저의 몸을 잘 돌보도록 타일러 주셔서 고맙습니다
* 제가 아플 때 돌보아 주셔서 고맙습니다
* 체육을 통해서 저의 몸을 건강하게 해주셔서 고맙습니다
* 위험한 곳에 가지 않도록 주의 주셔서 고맙습니다
* 친구들과 다정하게 어울리도록 저를 인도해 주셔서 고맙습니다
* 다문화 가정의 친구들과 잘 어울리도록 타일러 주셔서 고맙
  습니다
* 다른 사람을 따돌리지 말도록 지시해 주셔서 고맙습니다
* 교우들과 싸우지 않도록 타일러 주셔서 고맙습니다
* 남에게 폭력을 행사하지 않도록 훈도해 주셔서 고맙습니다
* 집이 어려운 친구를 돌보아 주도록 가르쳐 주셔서 고맙습니다
* 어려운 이웃 어르신을 도와 드리도록 지시해 주셔서 고맙습
  니다
* 어린이, 장애인, 환자를 돌보도록타일러 주셔서 고맙습니다
* 모든 생명체(동물, 나무, 풀, 꽃)를 보호토록주의 주셔서 고맙
  습니다
* 우리가 사는 자연환경을 보호토록 가르쳐 주셔서 고맙습니다
* 나라를 사랑하라고 가르쳐 주셔서 고맙습니다

[선생님에게 감사하는 이유]

간추림

* 나를 사랑하고 존중해 주심
* 살아가는 데 필요한 지식과 방법을 가르쳐 주심
* 나에게 공부하는 방법을 가르쳐 주심
* 학교규칙을 지키도록 이끌어 주심
* 나에게 예절과 도의를 가르쳐 주심
* 내가 건강하도록 지도해 주심
* 내가 안전하도록 인도해 주심
* 이웃을 위해 봉사하도록 지도해 주심
* 어르신, 장애인, 어린이들 돌보도록 타일러 주심
* 다른 학생과 잘 어울리도록 지도해 주심
* 동식물을 애호하도록 가르쳐 주심
* 자연환경을 보호토록 인도해 주심

Ⅱ. 선생님의 은혜에 대한 감사

노래 '스승의 은혜' 가사

스승의 은혜는 하늘같아서 우러러 볼수록 높아 지내
참되어라 바르거나 가르쳐 주신 스승은 마음의 어버이시다
아아 고마워라 스승의 사랑 아아 보답하리 스승의 은혜

태산 같이 무거운 스승의 사랑 떠나면 잊기 쉬운 스승의 은혜
어이 간들 언제이든 잊어오리까 마음을 길러주신 스승의 은혜
아아 고마워라 스승의 사랑 아아 보답하리 스승의 은혜

바다 보다 더 깊은 스승의 사랑 갚을 길은 오직 하나 살아생전
에 가르쳐 주신 그 교훈 마음에 새겨 나라 위해 겨레 위해 일
하오리다
아아 고마워라 스승의 사랑 아아 보답하리 스승의 은혜

찾아보기

참고자료

[국내 문헌]

교육과학기술부, 2011, 교육과 교과과정, 고시 제2011-361호(별책 6)

권경임, 2009, 현대불교사회복지론, 동국대학교출판부.

권오석(역해), 1994, 부모은중경, 홍신문화사.

권중돈, 2017, 노인복지론, 학지사.

금장태, 2012, 퇴계평전, 지식과 교양.

김경희, 2003, 아동심리학, 박영사.

김낙진, 2004, 의리의 윤리와 한국의 유교 문화, 집문당.

김시우, 2008, 성경적 효 입문, 다시랑.

김유숙, 2020, 가족 상담, 학지사.

김인자 외, 2008, 긍정심리학, 물푸래.

나까무라 모토 中村元, 양정규 역, 1997, 불교의 본질: 근본불교 사
　　　　상과 생활윤리, 경서원.

논어(論語), 1997, 이가원 감수, 홍신문화사.

대학(大學), 이가원 감수, 1994, 대학-중용, 홍신문화사.

대한민국국회, 2012, 교육과학기술위원회, 한국교육비부담현황보고
　　　　서 2010년 기준.

류승국, 1995, 효와 인륜 사회, 효사상과 미래사회, 한국정신문화연
　　　　구원.

류승국, 1960, 한국의 유교, 세종대왕기념사업회, 136-137.

맹자(孟子), 1994, 이기석, 한용우 역해. 홍신문화사.

명심보감(明心寶鑑), 이기석 역해, 2003, 홍신출판사.

모선희, 2000, 효 윤리의 현황과 과제, 현대사회와 효의 실천방안,
　　　　한국노인문제연구소.

미치하타(道端良秀), 1994, 中國佛教와 社會福祉社業, 京都, 法藏館.

박종홍, 1960, 퇴계의 인간과 사상. 서울: 국제문화연구소, 세계 2권, 4호.

부모은중경, 권오석 역해, 1994, 홍신문화사.

성규탁, 2020, 새 시대 한국인의 효. 학술정보사.

성규탁, 2019, 부모님을 위한 돌봄, 학술정보사.

성규탁, 2017, 효행에 관한 조사연구, 지문당.

성규탁, 2013, '부모님, 선생님 고맙습니다'로 시작하는 효, 학술정보사.

성규탁, 2011, 어른을 존중하는 중국, 일본, 한국 사람들: 새 시대의 실천방식, 한국학술정보사.

성규탁, 2005, 현대한국인의 효, 집문당.

성규탁, 2001, 어른존경방식에 대한 탐험적 연구, 한국노년학, 21(2), 125-139.

성서 (The Holy Bible).

성학십도, 2001, 이황, 이광호 옮김, 홍익출판사.

소학(小學), 1994, 이기석 역해, 홍신문화사.

손인주, 1992, 한국인의 가치관, 교육 가치관의 재발견, 문음사.

손인주 외, 1977, 한국인의 인간관, 삼화서적.

송 복, 1999, 동양의 가치란 무엇인가: 논어의 세계. 미래인력연구센터.

신용하, 2000, 한국민족의 형성과 민족 사회학, 지식산업사.

신용하, 장경섭, 1996, 21세기 한국의 가족과 공동체 문화, 집문당.

예기(禮記), 1993, 권오순 역해, 홍신문화사.

윤태림, 1970, 한국인의 의식구조, 삼화서적.

율곡전서(栗谷全書) 국역, 1985, 한국정신문화연구원

이부영, 1983, 한국인의 성격의 심리학적 고찰, 한국인의 윤리관, 한국정신문화연구원

이수원, 1984, 한국인의 인간관계 구조와 정, 교육논총, 1(5), 95-125.

이순민, 2016, 사회복지윤리와 철학, 학지사.

이연숙, 2011, 체험주의의 초등 도덕교육에 대한 함의연구, 초등교육연구, 24(3), 51-72

이황, 이광호 옮김, 2001, 성학십도, 홍익출판사.

이황, 장기근 역해, 2003, 퇴계집, 홍신문화사.

이희경, 2010, 유아교육 개론, 태양출판사.

일본사회복지사윤리강령, 2006, 일본사회복지사협회.

임진영, 2003, 어머니의 양육 태도와 아동의 자아개념이 아동의 대
　　인관계에 주는 영향, 초등교육연구, 16(1), 379-399.

임태섭, 1994, 체면의 구조와 체면 욕구의 결정요인에 대한 연구, 한
　　국언론1학보, 32호, 207-247.

정경배, 1999, 21세기 노인복지정책 방향, 노인복지정책연구, 한국
　　보건사회연구원.

장현숙, 옥선화, 2015, 가족관계, KNOU Press.

조지현, 오세균, 양철호, 2012, 아시아 4개국의 노인부양의식 및 노
　　인부양 행위에 관한 비교연구, 사회연구, 통권 22호, 7-42.

중용(中庸), 2008, 박완식 편저, 여강.

최상진, 김기범, 2011, 문화심리학-현대한국인의 심리분석, 지식산업사.

최상진, 2012, 한국인의 심리학, 학지사.

통계청, 2013~2017, 사회조사.

퇴계집(退溪集), 2003, 이황, 장기근 역해, 홍신문화사.

한국보건사회연구원 전경희 외, 2012, 2011년도 노인실태조사.

한국청소년개발원, 2011, 청소년 심리학, 교육과학사.

한형수, 2011, 한국사회 도시 노인의 삶의 질 연구, 청록출판사.

홍연희, 2021, 청소년 심리와 상담, 삼양미디어.

효경(孝經), 1989, 박일봉(편역), 육문사.

효적고사(24孝的故事), 1997, Singapore: Asiapac Publication.

효행실록(孝行實錄), 1985, 한국노인문제연구소.

황진수, 2011, 노인복지론, 공동체.

[외국문헌]

Aquinas, T. (1981). *Summa theologica.* Westminster, Maryland: Christian Classics.

Bellah, R. N., Madsen, R., Sullivan, W. M., Swidler, A., & Tipton, S. M. (1985). Habit of te Heart. New York: Harper & Row.

Bengtson, V. L. (1993). Is the Contract across the Generations Changing? In V. L. Bengtson, & W. A. Achenbaum (Eds.), The Changing Contract across Generations, pp. 1-23. Hawthorne, New York: Aldine de Gruyter.

Blackstone, A. (1956). Commentaries on Law of England. Vol. 1. Philadelphia: Lippincott.

Business Korea, January 23, 2013.

Cicero, M. T. (1851). The orations of Marcus Tullius Cicero. translated by C. D. Younge, Vol 3. London: George Bell & Sons.

Chow, N. (1995). Filial piety in Asian Chinese communities. Paper presented at 5th Asia/Oceania Regional Congress of Gerontology, Honk Kong, 20 November.

Cregg, D. R., & Cheavens, J. S. (2020). Gratitude interventions. Journal of Happiness Studies, 22: 413-445.

Dillon, R. S. (1992). Respect and care: Toward 22,

Downie, R. S., & Telfer, E. (1969). Respect for persons. London: Allen and Unwin.

Elliott, K. S., & Campbell, R. (1993). Changing ideas about family care for the elderly in Japan, Journal of Cross-Cultural Gerontology 8, 119-135.

Emmons, R. A., & McCullough, M. E. (Ed.) (2004). The Psychology of Gratitude. London, Oxford University Press. Emmons & Shelton 2002

Frederickson, B. L. (1998). What good are positive emotions?, Review of General Psychology, 2, 300-319.

Gouldner, A. (1960). The norm of reciprocity: A preliminary statement. American Sociological Review 161-178.

Hammudah Abdalati. (1999). Islam in focus. Islamic Teaching Center. Riyadh, Kingdom of Saudi Arabia.

Harvey, P. (2007). An introduction to Buddhism: Teaching an practices. Cambridge: Cambridge University Press.

Hashimoto, A. (2004). Culture, power, and the discourse of filial piety in Japan: The disempowerment of youth and its social consequences. In Filial Piety: ed. C. Ikels. Stanford University Press.

Hume, D. (1888). The treatise of human nature. Oxford UK Clendon Press.

Kant, I. (1964). Gregor, M. J. (Trans.). Doctrine of right: The Metaphysics of Morals, II. New York: Harper. 123.

Lewis, R. A. (1990). The adult child and older parents. In T. H. Brubaker, Ed., Family Relationship in Later Life. Newbury Park:: Sage.

McCullough, M. E., et al. (2001). Is gratitude a moral affect? Psychological Bulletin, 127(2), 249-226.

McCullough, M. E., Emmons, R. A., & Tsang, J. (2002). Gratitude in intermediate affective terrain: Link of grateful moods to individual differences and daily emotional expereince, Journal of Personal and Social Psychology 86, 259-309.

Myrdal, G. (1958). Value in social theory. P. Streeten (ed.). New York: Harper.

NASW. (2010). National Association of Social Workers. Washington, D.C., U.S.A.

Rice, E. P. (1984). The adolescent: Development, relationships, and culture. Boston: Allyn & Bacon.

Rind, B., & Bordia, P. (1955). "Effects of server's 'Thank You' and personalization on restaurant tipping, Journal of Applied Social Psychology, 25(9), 745-751.

Ryan, M. J. (1999). Attitudes of Gratitudes. San Francisco: Conari.

Simmel, G. (1950). The sociology of Georg Simmel. Glencoe; Il; Free Press.

Simmons, P. (2008). Faith and Health, Religion, and Public Policy(New York: Simon & Schuster).

Smith, A. (1976). The theory of moral sentiments(6th ed.), UK: Clendon Press.

Sung, K. T. (성규탁) (1990). A new look at filial piety: Ideals and practice of family-centered parent care in Korea. The Gerontologist 30, 610-617.

Sung, K. T. (성규탁) (1991). Family-centered informal support networks of Korean elderly: Resistance of cultural traditions, Journal of Cross-cultural gerontology, 6, 432-447.

Sung, K. T. (성규탁) (1992). Motivations for parent care: The case of filial children in Korea. International Journal of Aging and Human Development 34, 179-194.

Sung, K. T. (성규탁) (1995). Measures and dimensions of filial piety. The Gerontologist 35, 240-247.

Sung, K. T. (성규탁) (1998). An exploration of actions of filial piety. Journal of Aging Studies 12, 369-386.

Sung, K. T. (성규탁) (2001a). Elder respect: Exploration of ideals and forms in East Asia. Journal of Aging Studies 15, 13-26.

Sung, K. T.(성규탁) (2001b). Family support for the elderly in Korea. Journal of Aging and Social Policy 12, 65-79.

Sung, K. T. (성규탁) (2004). Elder respect among young adults: A cross-cultural study of Americans and Koreans. Journal of

Aging Studies 18. 215-230.

Sung, K. T. (성규탁) (2005). Care and respect for the elderly in Korea: Filial piety in modern times in East Asia. Seoul: Jimoondang.

Sung, K. T. (성규탁) (2007). Respect and care for the elderly; The East Asian Way. Lanham, MD: Univ. Press of America.

Sung, K. T. (성규탁) & Hagiwara, S. (2009). Japanese young adults and elder respect: Exploration of forms andexpressions, Graduate School of Social Well-being Studies, Hosei University, Japan.

Sung, K. T. (성규탁) & Yan, G. (2007). Chinese young adults and elder respect. University of Southern California-Shanghai University.

Weiner,B., & Graham, S. (1988). Understanding the motivational role of affect: Life span research from an attributional perspective. Cognition and emotion, 3, 401-419.

Xing, G. (2016). The teaching and practice of filial piety in Buddhism, Journal of Law and Religion, 3(2): 216-226.

성규탁(成圭鐸, Kyu-taik Sung)

E-mail: sung.kyutaik@gmail.com

연세대사회복지학과 창립 시 학과장 역임
한국사회복지학회장 역임
한국노년학회장 역임
서울대학교 문리과대학 & 대학원 졸업
재단법인 3·1문화재단(창립 시) 사무국장 역임
University of Michigan 사회사업대학원 졸업
University of Wisconsin-Madison 사회사업대학원 교수 역임
University of Chicago Fellow(선경최종현학술원지원)
Michigan State University 사회사업대학원 전임교수 역임
University of Southern California 사회사업대학원 석좌교수 역임
University of Michigan 사회사업대학원 초빙교수 역임
Elder Respect, Inc.(敬老會)(창립 시) 대표 역임

한국복지경제연구원효문화연구소 대표
한국사회복지사협회 원로회 대표
사회복지교육실천포럼 대표

⟨저서(국문): 효 관련⟩

새 時代의 孝 (연세대출판부) (연세대학술상 수상) 1995

새 시대의 효 Ⅰ (문음사) (아산재단아산효행상 수상) 1996

새 시대의 효 Ⅱ (문음사) (문화공보부 추천도서) 1996

새 시대의 효 Ⅲ (문음사) 1996

현대 한국인의 효 (집문당) (대한민국학술원선정 우수도서) 2005

한국인의 효 Ⅰ (한국학술정보사) 2010

한국인의 효 Ⅱ (한국학술정보사) 2010

한국인의 효 Ⅲ (한국학술정보사) 2010

한국인의 효 Ⅳ (한국학술정보사) 2010

한국인의 효 Ⅴ (한국학술정보사) 2010

어른을 존중하는 중국, 일본, 한국 사람들 (한국학술정보사) 2011

어떻게 섬길까: 동아시아인의 에티켓 (한국학술정보사) 2012

한국인의 서로 돌봄: 사랑과 섬김의 실천 (한국학술정보사) 2013

부모님, 선생님 "고맙습니다"로 시작하는 효 (한국학술정보사) 2013

한국인의 세대 간 서로 돌봄: 전통-변천-복지 (집문당) 2014

한국인의 효에 대한 사회조사 (집문당) 2015

효행에 관한 조사연구 (집문당) 2016

효, 사회복지의 기틀: 퇴계의 가르침 (문음사) 2017

부모님을 위한 돌봄 (한국학술정보사) 2019

한국인의 어른에 대한 올바른 존중 (한국학술정보사) 2019

현대한국인의 노후돌봄 (한국학술정보사) 2020

새 시대 한국인의 효: 사회적 효와 가족적 효의 종합 (한국학술정보사) 2020

한국인의 부모와 고령자에 대한 존경 (한국학술정보) 2022

⟨저서(국문): 사회복지 관련⟩

사회복지행정론 (법문사)

사회복지행정론(역서) (한국사회개발연구원)

사회복지조직론(역서) (박영사)

사회복지사업관리론(역서) (법문사)

산업복지론 (박영사)

정책평가 (법영사)

사회복지임상조사방법론 (법문사)

사회복지실천평가론 (법문사)
사회복지기관의 기능 및 역할 정립에 관한 연구 (삼성복지재단)
한국사회복지조직의 성장과 과제 (한국학술정보) (대한민국학술원 선정 우수도서)
효: 사회복지의 기틀, 퇴계의 가르침 (문음사)
사회복지시설의 바람직한 관리 (한국학술정보)

〈저서(영문)〉

* *Care and respect for the elderly in Korea: Filial piety in modern times in East Asia [한국의 노인 돌봄 및 존중: 현대 동아시아의 효].* Seoul: Jimoondang, 2005

* *Respect and care for the elderly: The East Asian way [노인에 대한 존경 과 돌봄: 동아시아적 방법].* Lanham, MD: University Press of America. 2007.

* *Respect for the elderly: Implications for human service providers [노인 존중: 사회복지사를 위한 함의 자료].* Lanham, MD: University Press of America. 2009.

* *Advancing social welfare of Korea: Challenges and approaches [한국의 발전하는 사회복지: 도전과 접근].* Seoul: Jimoondang. 2011.

* *The Organizational Effectiveness of Family Planning Clinics [가족계획진 료소의 조직적 효과성에 관한 연구].* Ann Arbor: The University of Michigan School of Social Work. 1974.

* *Evolving social welfare of Korea: Issues and approaches [In press]*

〈논문(국내)〉
사회복지학회지
연세 사회복지연구
사회복지
한국정신문화연구원 논총
한림과학원 총서
승곡논총
한국노년학
노인복지정책연구총서 등에 발표

〈논문(외국)〉

Journal of Social Service Research
Administration in Social Work
International Social Work
Society and Welfare
Social Indicators Research
Journal of Family Issues
Journal of Applied Social Sciences
Journal of Poverty
The Gerontologist
Journal of Aging Studies
International Journal of Aging & Human Development
Journal of Gerontological Social Work
Journal of Elder Abuse & Neglect
Journal of Cross-Cultural Gerontology
Journal of Aging & Social Policy
Educational Gerontology
Ageing International
Journal of Aging and Identity
Journal of Aging, Humanities, and the Arts
Journal of Religious Gerontology
Hong Kong Journal of Gerontology
Australian Journal on Ageing
The Southwest Journal of Aging
Journal of East and West Studies
International Journal of Social Research & Practice
Public Health Reports
Public Health Reviews
Health and Social Work
Studies in Family Planning
Children and Youth Service Review
Child Care Quarterly
Child Welfare 등에 발표

부모님에 대한 감사

초판 1쇄 발행 2021년 09월 10일
초판 4쇄 발행 2024년 10월 02일

지은이 성규탁
펴낸이 채종준
펴낸곳 한국학술정보㈜
주   소 경기도 파주시 회동길 230(문발동)
전   화 031) 908-3181(대표)
팩   스 031) 908-3189
홈페이지 http://ebook.kstudy.com
E-mail 출판사업부 publish@kstudy.com
등   록 제일산-115호(2000. 6. 19)

ISBN 979-11-6801-124-3 03330